银行卡使用常识

阎明俊　主编

中国财政经济出版社

图书在版编目（CIP）数据

银行卡使用常识/阎明俊主编．—北京：中国财政经济出版社，2010.10

ISBN 978-7-5095-2481-7

Ⅰ.①银… Ⅱ.①阎… Ⅲ.①信用卡-银行业务-问答 Ⅳ.①F830.46-44

中国版本图书馆CIP数据核字（2010）第184120号

责任编辑：陆广德　　责任校对：黄亚青

封面设计：郁　佳　　版式设计：文　通

中国财政经济出版社出版

URL：http：//www.cfeph.cn

E-mail：cfeph@cfeph.cn

社址：北京市海淀区阜成路甲28号　邮政编码：100142

发行处电话：88190406　财经书店电话：64033436

三河市国英印务有限公司印刷　各地新华书店经销

880×1230毫米　32开　7.5印张　197 000字

2010年11月第1版　2011年9月河北第4次印刷

定价：26.00元

ISBN 978-7-5095-2481-7/F·2111

（图书出现印装问题，本社负责调换）

本社质量投诉电话：010-88190744

丛书编委会成员名单

本书编委会

主　　编：阎明俊

副 主 编：安　冀　周旭升

编写人员：周永红　刘　燕　陈　舒

戴庆华

目　录

第一章　银行卡概况

一、什么是银行卡?

银行卡（Bank Card）由银行发行、供客户办理存取款业务的新型服务工具的总称。银行卡包括信用卡、支票卡、自动出纳机卡、记账卡和灵光卡等。因为各种银行卡都是塑料制成的，又用于存取款和转账支付，所以又称之为“塑料货币”。

20 世纪 70 年代以来，由于科学技术的飞速发展，特别是电子计算机的运用，使银行卡的使用范围不断扩大。不仅减少了现金和支票的流通，而且使银行业务由于突破了时间和空间的限制而发生了根本性变化。银行卡自动结算系统的运用，使一个“无支票、无现金社会”的到来不久将成为现实。银行卡的大小一般为 85. 60 × 53. 98 mm（3. 370 ×2. 125 英寸），但是也有比普通卡小 43% 的迷你卡和形状不规则的异型卡。

二、银行卡是如何起源的?

信用卡起源于1915年的美国，当时的一些商店、饮食店为促进销售，开始给顾客发行一种塑料卡片，顾客凭此可在发行商店及其联号赊购商品，约期付款。1924年美孚石油公司发行了用于加油站服务的贷记卡，凭卡可以先加油后付款。随后有许多大的旅馆和百货商店相继发行了以促进本企业产品或服务销售为目的的信用卡，这些就是现代信用卡的雏形。这种由零售商发行的信用卡由于用途单一，使用范围限定在发卡的商店和其连锁店，不能满足社会需要，所以一直难以得到迅速的发展。直到信用卡产生30年后，银行业开始介入信用卡领域并发行银行信用卡，才赋予了信用卡新的生命力。

1952年，美国加州富兰克林国民银行发行了全球第一张银行信用卡，在此之后，众多的商业银行纷纷加入到发卡银行行列，先后推出各类信用卡。银行作为买卖双方以外的第三者发行信用卡，借助其资金实力雄厚、信誉良好、分支机构分布广泛的优势，扩大了信用卡的使用范围，拓展了应用领域，增强了信用实力。

三、中国银行卡是何时发展起来的?

银行卡业务传入我国是在20世纪70年代末，我国银行卡业务早期的发展是从代理国外信用卡开始的。1978年，中国银行广州分行首先同香港东亚银行签订协议，开始代理国外信用卡业务，不久，上海、南京、北京、抚顺等地的中国银行分行也先后分别同香港东亚银行、汇丰银行、麦加银行和美国运通公司等国外信用卡发卡银行和公司签订了代理协议，从此，信用卡进入我国。

国内银行发行信用卡始于20世纪80年代中期。1985年3月1日，中国银行珠海分行在国内率先发行人民币“珠江卡”。1986年，中国银行北京分行发行人民币“长城卡”。之后，中国银行总行确定“长城卡”为中国银行系统的信用卡，在全国各分行发行。1987年，中国银行加入了万事达国际组织和VISA国际组织，并于1988年发行了第一张外汇长城万事达卡。

1990年，中国农业银行加入万事达国际组织；随后经过努力，于1991年2月开始发行人民币“金穗”信用卡；1992年2月加入维萨国际组织；1995年12月推出“金穗认同卡”。

20世纪90年代初，中国建设银行在开办居民个人储蓄业务初见成效后，又将筹资储蓄业务延伸到当时被称做准贷记卡业务——先存款后消费、可循环小额透支的银行卡业务领域。中国建设银行先后于1989年、1990年分别加入万事达国际组织和维萨国际组织，并分别在1990年、1991年开始发行“万事达龙卡”、“维萨龙卡”，并于1993年推出“龙卡彩照卡”，1994年更是在全国同业中率先推出了第一张借记卡——“龙卡储蓄卡”。至此，占据国内商业银行业务绝对市场份额的四大国有商业银行都完成了银行卡在国内的引进和创新工作。随后，国内其他商业银行也纷纷开展银行卡发卡和业务拓展工作。为加快推动国内银行卡支付业务的发展，1997 年，国家将银行卡业务作为我国“金卡工程”的重要组成部分，明确由中国人民银行承担推动“金卡工程”的具体组织工作，牵头组织国内银行进行银行卡跨行通用工作。为加快这一工作的推进，并使之符合市场化运作规律，2001 年 3 月，由各商业银行及与银行卡产业有关公司发起的中国银联有限公司在上海挂牌成立，这标志着国内银行卡业务发展步入了一个新的阶段。

自此之后，中国工商银行、中国农业银行、中国建设银行、交通银行、中信实业银行、上海浦东发展银行、招商银行、福建兴业银行、深圳发展银行、广东发展银行、华夏银行和邮政储蓄等也相继发行了各自的银行卡，我国银行卡业务呈现出百花齐放的发展态势。

四、银行卡涉及到哪些主体?

银行卡特别是信用卡之所以能在短暂的发展时期内取得令人瞩目的增长，其原因就在于它为持卡人、特约商户和银行都带来了许多实质性利益。

1. 持卡人

在美国信用卡发行的初期，发卡机构都曾遇到过一个类似“先有鸡还是先有蛋”的问题。发卡银行不知道是应该先发展特约商户（这样顾客就有了持卡购物的场所）还是应该先发展持卡用户（这样商户们就会愿意接受信用卡）。虽说大多数银行都从两个方面同时着手，最终它们还是把重心逐渐转移到了先发展能够接受信用卡的特约商户方面。这样，当银行劝说客户使用信用卡时，客户就会发现能够使用信用卡的场所越来越多了。这也是信用卡能够在早期取得成功的主要原因——信用卡的确方便易用。

而随着越来越多的商户加盟银行特约商户组织，持卡人的数量也在不断增加。银行在宣传信用卡的便利性方面不遗余力，如使用信用卡不会出现签发支票时的一些问题、无须随身携带大量现金、购买商品或劳务手续简便、能被许多商户广为接受等。

从持卡人的角度来看，银行信用卡的便利性以及所提供的信贷途径才是信用卡普遍发展的主要原因之一。有了信用卡，客户就可以自由使用信用额度而不必费力去银行申请贷款，也不必非要每月定期还款。持卡人既可在到期付款日一次还清所使用的信用额度，也可以采用灵活的每月分期付款方式。另外，与固定每月分期付款的贷款不同，当客户所用的额度到还款期时，持卡人可以在一段时间内只偿还到期部分的一个最低还款额，或者偿还大部分甚至是全部额度，而且不会因提前还款而招致罚款。

信用卡还能使持卡人随时获得信贷支持。对于那些难以或是不打算使用自有资金进行一些消费的客户来说，信用卡使其获得了发卡行为其提供的信用支持，即使客户身在外地也不例外。

信用卡能够吸引客户的另外一个特色就是它给持卡人提供了大约一个月的延期付款时间。即使客户有足够的现金来偿还已使用的信用额度，他们也只能在交易完成的一段时间之后才能收到银行每月发出的对账单。今天，在美国大约有70%的持卡人只偿付部分已使用的信贷余额，而其余30%的持卡人则将信用卡作为一种便利的交易支付工具。

银行信用卡还提供了一种相对较为安全的交易手段。如果是现金遗失或是被盗，其可能造成的损失往往比信用卡丢失造成的损失要大得多。由于冒用信用卡的难度相对较大，而且即使出现信用卡被人滥用的情况，持卡人也只负有限的责任。总之，信用卡将客户从不得不携带大量现金的情况中解脱出来，因而也就免去了客户丢失现金的风险。

信用卡还为持卡人提供了另外一种购物便利，那就是邮购购物。持卡人现在无须亲自去商店购物或是邮寄订单和支票，他们只需从直接寄往其往所或公司的各种邮购目录中选择其想要购买的商品，然后拨打免费电话或是发送传真就可以向目录邮购公司下订单，并以信用卡进行结算支付。事实证明，这种便利的购物方式深受顾客欢迎，而且还导致了近年来邮购业务的迅速发展。信用卡还极大地方便了账簿记录。每次购物发生后，持卡人都会保留一张购物收据。最初，当银行向持卡人发出对账单时，会一并附上特约商户的销售发票或是销货凭单。持卡人只需将购物收据和商户的销售发票进行核对就可以确认是否进行过该笔交易，同时这也便于调整应向银行偿还的信用余额。后来，这种方式逐渐被今天称之为描述性记账方式所取代。现在，每月的对账单会逐笔列明所发生的交易，而不再附上商户销售发票了。

简而言之，消费者确定发现信用卡不仅方便、使用面广，而且使用起来安全灵活。同时，在日常交易中，客户可随时获得信贷支持，尤其是当他们不愿动用个人资金的时候。而且，持卡人每月的交易情况都有详细的记录。还有一点就是，信用卡已被商户们所普遍接受了。

2. 特约商户

第一，从特约商户的角度来说，银行信用卡有以下一些吸引人的特征：首先，信用卡方便了客户购物，因而会刺激销售，在发达地区，银行卡支付约占社会商品零售额的50%左右。其次，使用信用卡比使用现金更容易刺激客户进行大额购物或是进行冲动性购物。最后，使用信用卡增加了商户扩大销售的机会。银行和全球性信用卡组织（万事达国际组织和维萨国际组织）在提高其品牌认同程度方面都不惜重金，它们不仅进行商业广告宣传，还在接受其信用卡的特约商户橱窗里贴出万事达卡或维萨卡的品牌标志。近几届世界性的体育比赛，如奥运会、世界杯足球赛等，两大国际组织都是其合作伙伴，投入的金额虽无法获悉，但可以想象金额一定不菲。这种广告效应对促进两大国际信用卡品牌的知名度和美誉度非常有益。由于这种品牌认同将所有属于两大信用卡组织成员都包含其中，因此，消费者就更有可能会选择并光顾那些贴有万事达卡或维萨卡标志的特约商户。尤其在银行卡发展较成熟的国家，那些规模较小的商户更能通过向大量的持卡人销售其商品而受益匪浅。近些年来，通过邮购目录进行直销的目录邮购公司也逐渐普遍起来，因为这些公司可以通过免费电话或是传真机就可以接受客户的信用卡购物付款。

第二，特约商户很容易对销售交易进行证实。虽然仍有一些信用卡交易不能通过电子交易证实，但对于需要使用电子证实的交易，其程序是非常简单的。在请求交易授权时，特约商户只需要致电银行授权中心或是通过自动授权机（POS）刷卡设备就可以完成交易授权。当使用自动授权机的刷卡设备刷卡时，信用卡上的信息就会传送到授权网络并自动获得授权，同时交易金额也会被直接记人特约商户的账户。

第三，特约商户既不会承担信贷风险，也不会发生因接受支票而产生的风险。它们无须直接向购物者催收款项，只要特约商户按照规定程序操作，并对销售进行证实，就能从其银行收到销货款。

3. 发卡银行

对于向客户提供信用卡业务的银行来说，它们也获得了一些重要的竞争优势，因为使用信用卡简化了授信程序，方便了客户借贷。由于信用卡具有循环信用额度特征，客户无须每次向银行申请，就可以进行贷款、还款、再贷款的过程。只要客户所借款总额未超过信用限额，他们便可重复借贷，只需每月定期偿还所用额度即可。在消费信贷十分发达的国家和地区，信用卡持卡人中有七成以上的只偿付部分已使用的信贷余额，而其余三成则将信用卡作为一种便利的交易支付工具。

信用卡还使银行有机会去吸引那些居住地较远的客户。在过去，客户出于方便的考虑，往往选择一家离自己的住所或是工作场所比较近的银行，但有了信用卡以后，银行位置的远近就无关紧要了。银行可以利用信用卡跨地域使用的特征拓展它们的市场领域，甚至向那些居住在千里以外的客户发放信用卡。与传统的那种客户亲临银行办理贷款申请的借贷关系不同，信用卡还使得通过互联网或是电话发放信贷成为可能。正是由于信用卡业务的发展，近年来银行的贷款余额迅速增加。

同时，新的持卡人还是银行其他业务产品的最佳潜在客户。由于许多新信用卡客户来自于过去银行业务难以企及的地方，现在银行就有许多与这些新客户建立其他业务联系的机会。事实上，许多银行都在致力于向持卡人交叉销售其他银行产品和服务。

随着信用卡业务的发展，不仅消费者为银行增加了新的收入来源，同时，特约商户也为银行形成了一个新的收入来源，银行为特约商户提供信用卡交易处理服务的同时，特约商户也要向银行支付一定的交易折扣。除了交易折扣收入以外，特约商户还为银行带来了附加的存款。由于商户的销售发票通常被视为存款科目，因此通过信用卡交易产生的资金为银行创造了派生存款，这又成为了银行新的信贷资金来源。

正是由于信用卡的这种既能创造出新的收入来源又能派生出新的存款来源的吸引力，信用卡市场的竞争日趋激烈，随着接受信用卡的特约商户数目的增加，持卡人所能享受到的信用卡便利性也进一步扩展。同时，持卡人数目增加又为特约商户提供了更多的商品销售机遇。这些因素的相互作用，推动了信用卡的普遍接受与快速增长。当然，银行也从持卡人与特约商户那里获得了新的利润来源。

4. 信用卡客户风险

信用卡的发展并非一帆风顺的。银行业从来没有出现过像信用卡这样具有生命力的产品，特别是在信用卡发展所需要的社会征信制度尚不具备的国家，更是伴随着成长的烦恼。

与任何新产品创新需要学习成本一样，在信用卡业务的早期推出阶段，银行可自由地将信用卡发放给任何人。一些最具扩张性的银行不仅将卡发放给其存款客户、贷款客户、保险箱客户，还将信用卡寄给任何一个它们能获得通信地址的人。许多银行甚至从杂志订购机构、驾驶执照登记等类似部门购买客户通信地址名录。毫不奇怪，一些因此而获得信用卡的持卡人是根本不具备贷款资格的。

还有一些银行对于发放无担保信贷毫无经验——尤其

是在与信用卡相关的循环信贷方面。事实证明，原先银行在发放分期付款信贷，如汽车贷款或住房贷款时，所使用的审批标准，用来审核通过信用卡发放的信贷是完全不够的，必须要建立起新的审批标准。从实质上来讲，所有的循环信用额度都是无担保的，也就是说，借款人无须提供任何资产来补偿贷款人或是将其拍卖用以抵消贷款人可能出现的损失部分。一旦损失发生，只得将该笔贷款金额全部核销。而且在相当一部分出现损失的案例中，当贷款人收回信用卡或是停止支付信用卡时，该卡实际未结清余额早已超过其信用额度，因而贷款人所核销的坏账金额往往大于持卡人最初的授信额度。

同时，由于信用卡发展初期的授权程序烦琐而缓慢，也使得信用卡损失问题进一步加重。那时的情况与今天不同，今天大多数信用卡交易都可通过商场的终端设备进行电子证实，而那时候的授权程序却需要商户将客户信用卡账号与特约商户信用卡止付名单进行核对，在该止付名单上增加一个账号可能需要几星期的时间，而且即使持卡人上了信用卡止付名单，只要该恶意持卡人将信用卡交易额控制在最低授权额内，特约商户就无从得知该持卡人的信用消费特权是否已被取消。也许在那些恶意借款人的账号被记录在信用卡止付名单上之前，他们已通过此方式进行了无数次消费。

5. 信用卡欺诈损失

由于很多人使用信用卡，又有极普遍的商户接受信用卡，因而，与此有关的犯罪活动也日益猖獗。在美国，早些时候甚至形成了一个专门协助信用卡犯罪的地下网络。例如，一张信用卡在某个州被窃，而它第二天就有可能出现在另一个州。结果，虚假交易日渐增多。随后犯罪者又开始伪造或是涂改信用卡。甚至那些不诚实的商户也开始设法欺骗银行，它们利用真实的信用卡账号伪造销售发票，然后将其存入银行，再从银行提取现金——这种做法就是我们所知的白卡欺诈。

烦琐的授权机制又大大削弱了银行及时制止信用卡的伪造、更改或盗窃行为的能力。如今，信用卡欺诈损失被视为该项业务成本之一，此损失数额每年大约在几亿美元，而造成损失的主要因素则包括虚假的远程营销，信用卡伪造以及虚假申请等。

借记卡虽不同于信用卡，无循环放贷业务，但在银行开办的早期，同样给银行带来了风险损失。所不同的是，这种风险损失是由银行风险控制的环节不完善所造成的。最为典型的是，银行在网络突然中断的情况下，无法为客户及时办理存入业务而客户要求收回现金不再办理异地存款业务时所产生的风险。由于网络突然中断有可能发生在发卡行交易成功，而受理行交易不成功的情况，因此，客户要求收回现金事实上将造成银行在发卡行账户上已经替客户贷记了该账户，在客户迅即提取已存入款项或销户，银行在开户时对客户详细信息不全的情况下，一旦发生上述情况，将无法进行资金追讨。当然，这种操作风险比之于循环信贷风险将容易控制得多，但在早期借记卡业务发展的同时，这种情况仍屡屡出现。

五、信用卡和储蓄卡有什么区别？

(1) 是否可以透支。信用卡的最基本特征就是可以透支，所谓透支就是说在你没有往信用卡里存钱的情况下就可以刷卡消费；但储蓄卡中需要存钱才可以刷卡消费或者提取现金等。

(2) 消费是否需要密码。储蓄卡刷卡消费必须使用密码，信用卡则不同，可以选择仅凭签名消费，当然也可以选择签名加密码的方式。也就是说在使用信用卡刷卡消费后仅仅需要签上名字即可。

(3) 是否有利息。储蓄卡内存钱是有利息的，但是在信用卡内存入现金是没有利息的，不仅如此，将钱存在信用卡内再取出来还要缴纳高额的手续费，信用卡的作用是刷卡消费，不适合用来存钱。

(4) 年费不同。储蓄卡年费每年也就10元左右，信用卡普卡、金卡的年费一般在50元—400元之间，一些白金信用卡的年费可能在几千元甚至几万元。

(5) 消费款的来源。信用卡是通过个人的信用体系，借助银行的钱来提前消费。储蓄卡是必须消费自己的钱。

(6) 销户的方法不同。储蓄卡销户是即时生效的，也就是说一旦持卡人办理销户，账户将自动关闭。信用卡销户不同于借记卡，必须首先办理销户申请，成功后账户对应的所有卡片将无法再办理消费或取现业务。自销户申请受理之日起达到45天或以上且账户余额为0时，系统将自动关闭账户。否则账户不会自动关闭，持卡人只能办理查询、还款（有欠款）或销户结清（有溢缴款时)。

（7）卡号的区别。信用卡固定以4×4的数字排列方式，而个别的储蓄卡是无规则排列（比如交行太平洋储蓄卡)；信用卡的卡号是凸版压制，而个别的储蓄卡是平板印制（比如工行灵通卡)。

（8）持卡人识别的区别。信用卡卡面打印有持卡人姓名的拼音或英文字母，而储蓄卡多数没有出现持卡人姓名。

（9）标识的区别。信用卡无论是双币卡还是银联人民币卡，除信用卡组织标识外，还印有防伪标识；而储蓄卡一般没有防伪标识出现。

（10）卡片背后的验证码区别。在信用卡的签字条中会有一组3位数字的CVV2（VISA)、CVC2（Master Card)、CVN2（中国银联）为验证码，是为银行卡在非直接刷卡消费场合，例如网络支付或者电话支付交易情况下使用上的安全。该号码和卡号以及银行卡的有效期必须注意不可泄露。

（11）申请程序的区别。由于信用卡具有信贷功能，因此信用卡的申请程序相对复杂，需要填写详细的申请表格，还要提供一些个人资信证明文件，由银行根据申请人提供的所有材料进行审批后决定是否发卡。而储蓄卡的申请程序简单，只需要提供身份证明和填写申请表，直接在银行柜台申请和领取。

案例：取现100，收费30？别拿信用卡当储蓄卡！

某年“五一”，王先生往自己的信用卡存了一笔钱，到“六一”，他想从信用卡上取100元给儿子买节日礼物，当他取钱的时候发现，自己被银行收了30元的手续费。

王先生认为，存进去是自己的钱，取出来的也是自己的钱，收取手续费不合理。而银行解释存进信用卡的钱为“溢存款”，银行可以收取手续费。王先生对此很是不理解，他试着给其他的几家银行打电话，结果有的银行告诉他信用卡自存自取银行收取“溢存款”正常，有的银行告诉他不收取这样的费用。

据了解，对信用卡自存自取收费与否，目前不同的银行是不同的。有的银行收，但工商银行、广发银行和民生银行却不收。还有银行规定在柜台取现“溢存款”可以免去取现手续费，例如广州的浦发银行。

中信银行和深圳发展银行表示，客户也可以通过银行信用卡中心，将信用卡中的“溢存款”转入本人借记卡，再从借记卡取出现金，这样也能大幅降低手续费的支出。在这一特殊转账方式中，中信银行的手续费标准为“转账金额0.3%、最低5元”；深发展的手续费标准为“转账金额0.5%、最低5元”。

以中信银行信用卡为例，假如消费者信用卡中有1000元，如果直接将其取出，需要缴纳30元费用，如果将信用卡的钱转入借记卡后再取出，费用仅为3元，这样比原来节省了27元。

对于信用卡持卡人取现“溢存款”的手续费问题，那些收费的银行表态说，持卡人虽然取的是自己的钱，但占用了银行的相关资源，而且信用卡是用来消费的，不是让持卡人当作储蓄账户来存款的，因此收费是合理的。

部分银行信用卡自存自取手续费一览表

中信银行：3%，最低30元

光大银行：1%，最低3元，最高200元

交通银行：0.5%

深圳发展：1%，最低10元

兴业银行：2%，最低20元

建设银行：0.5%，最高50元

农业银行：1%，跨行另加收2元，最低3元

中国银行：同城同行免，同城跨行4元/笔，异地同行10元/笔

工商银行：无

广发银行：无

民生银行：无

六、中国内地各大银行客服电话及信用卡热线分别是什么？

各银行的客服电话有800，400，以及9字头的5位

数、6位数、8位数号码等几种，当然也有以普通电话号码作热线的。800电话只能通过固定电话拨打，对很多不经常使用固定电话的持卡人有些不便。400电话及9字头的5位数号码可以为手机用户提供服务，手机、固定电话和小灵通用户均可直接拨打。现在各银行400电话有增加趋势，有的银行800正在逐步被400所取代。

银行400电话在境内拨打，费用仅按市话标准收取；境外只需在400、800号码前加中国区号86，即可直接拨打。

各家银行9打头的客服电话均按市话收费，这种情况下有800免费服务电话的尽可能拨打800电话。

以下是各银行的电话银行及信用卡服务热线，银行卡方面的问题都可以拨打相应电话咨询。

银行	电话银行	信用卡客服中心
北京银行	96169	4006 - 601169（601169是北京银行上交所股票代码）
渤海银行	400 - 888 - 8811	N/A
广东发展银行	95508	95508
华夏银行	95577	40066 - 95577
交通银行	95559	400 - 800 - 9888 800 - 988 - 8888
平安银行	40066 - 99999	40088 - 24 - 365
浦东发展银行	95528	400 - 820 - 8788 800 - 820 - 8788 021 - 3878 - 4988

续表

银行	电话银行	信用卡客服中心
上海农商银行	021－962999	021－962999
上海银行	021－962888	021－962888
深圳发展银行	95501	40066－95501
兴业银行	95561	95561
招商银行	95555	400－820－5555 800－820－5555
浙商银行	9510－5665	N/A
中国工商银行	95588	40066－95588 40088－95588（商户授权）
中国光大银行	95595	4008－1－95595
中国建设银行	95533	400－820－0588 800－820－0588
中国民生银行	95568	40066－95568
中国农业银行	95599	40066－95599 80081－95599
中国银行	95566	40066－95566（中银系列） 40066－95569（白金卡专线）
中国银联	95516	95516
中国邮政储蓄银行	11185	40088－95580
中信实业银行	95558	40088－95558 80099－95558 800－830－8330

第二章 银行卡的种类

按照不同的标准，从不同的角度，银行卡可以分为不同的种类。银行卡种类的区别，其实质是银行卡使用功能的细分。银行卡种类的不同，决定着银行卡不同的使用权限、不同的使用范围和不同的使用功能。一张银行卡可以是多种类银行卡的集合，也就是说一张银行卡可以同时具有多种具体的使用功能。

一、按照发卡银行划分，银行卡有哪些种类?

银行卡按照发卡银行的不同，可以划分为我国商业银行单独发行的银行卡和我国商业银行与其他机构联合发行的联名卡两种。

在我国，银行卡只允许商业银行发行，不允许其他金融机构和商业机构发行。明确这种银行卡的分类，可以准确了解自己手中卡的发行银行，注意发卡银行的有关情况、相关规定和优惠活动，注意联名发行机构的个性优惠活动，以便根据持卡人的不同需要、根据发卡单位的不同规定，争取更多的用卡方便和更多的用卡利益。

1. 我国商业银行单独发行的银行卡

商业银行以及按照商业银行管理的金融机构、经过批准方可发行银行卡。凡是银行卡，都应当在银行卡正面的显著位置（一般是正上方）标注其发卡银行的名称。由于发卡银行不同，银行卡正面标注的银行也是有区别的。如银行卡正面有中国工商银行字样的，就是中国工商银行发行的银行卡；银行卡正面有中国农业银行字样的，就是中国农业银行发行的银行卡。

一般情况下，银行卡正面还有代表各发卡银行的图案或卡的名称，从而形成其各发卡银行的特征。如中国工商银行发行的银行卡就有其注册商标“牡丹”，因此，中国工商银行发行的银行卡也称牡丹卡系列。“牡丹”作为中国工商银行信用卡的名称，取牡丹花国色天香、富贵吉祥，以表达对持卡人的美好祝愿。中国工商银行发行的银行卡，常伴有牡丹花的图案，或者在其银行卡的名称中伴有牡丹的字样，如牡丹白金卡、牡丹灵通卡等。

2. 联名卡

联名卡是指我国境内的商业银行与其他营利性或非营利性机构合作设计发行、卡片上加印了合作机构的名称、标识或卡号等内容的银行卡。

联名卡是银行卡和其他会员卡或 VIP 卡的合二为一，联名卡的持卡人不仅能获得银行卡的金融支付功能，还自动成为联名机构的会员，在该联名机构内享有其一些特殊服务。目前，我国境内商业银行发行的银行卡绝大多数是国际信用卡组织和企业联盟后再与商业银行合作发行的联名卡，使之不仅作为会员卡享有该企业的各种优惠也具有了双币卡的功能。

认同卡是发卡银行与非营利机构合作发行的银行卡，这种卡能让持卡人参与社会公益事业的渠道更加畅通。比如牡丹希望工程认同卡，是中国工商银行和中国青少年发展基金会合作发行的我国首张全国性公益性银行卡，还有太平洋卡、教师认同信用卡、民生志愿者卡、深圳发展银行青年卡、金穗台胞联名卡等。

二、按照清偿方式划分，银行卡有哪些种类？

银行卡按照清偿方式的不同，可以划分为贷记卡、准贷记卡和借记卡。

这是银行卡最基本的分类，也是银行卡最重要的分类。任何一家商业银行发行的银行卡，任何一张银行卡，不管是商业银行单独发行的银行卡，还是商业银行与其他机构联名发行的银行卡，都必须明确区别其是贷记卡（准贷记卡）还是借记卡。持卡人明确这种银行卡的基本分类，可以准确了解自己手中的卡是否可以透支使用及其还款规则，恰到好处地选择不同种类的卡，保证其持卡人用卡的最大经济效益。

1. 贷记卡（Credit Card）

贷记卡是指能够透支使用的银行卡，即持卡人不用在发卡银行的贷记卡账户存款，就可以先使用的银行卡，贷记卡具有购物付款、消费付款、透支提现、透支转账等功能。

申请贷记卡时，发卡银行根据客户的资信以及其他情况，给每个贷记卡的账户设定一个“授信限额”，允许持卡人在授信额度内使用贷记卡购物、消费或者提现。持卡人在卡里没有存钱的情况下就可以先使用贷记卡购物、消费或者提现。透支购物和透支消费可以享受免息期，透支提现没有免息期，从提现当日计息。发卡银行每月向持卡人寄送一次账单，持卡人在收到账单后的一定限期内，对于透支购物、透支消费部分可选择免息期内付清账款，则不需付利息，也可以选择只付一部分账款，或只付最低还款额，未还款部分按照规定加付利息进行偿还，即超期（免息期）加息还款。对于透支提现部分，持卡人的全部还款都必须加付其利息。一般情况下，贷记卡账户的存款不计付利息，不仅如此，在持卡人提取自己账户的存款时发卡银行还要加收手续费，所以，贷记卡一般不能作为储蓄账户使用。

贷记卡作为支付工具，属于银行卡的一种，贷记卡是发卡银行向持卡人提供消费信贷的银行卡。发卡银行的信贷可以体现在两个环节：第一个环节是持卡人没有在贷记卡里存钱，却能够使用贷记卡购物、消费或者提现，这是发卡银行为其进行了垫付并且免息期内还款不用支付利息；第二个环节是持卡人可以超过免息期偿还发卡银行的垫付款，只不过是加付利息而已，就其实质，这是发卡银行为其提供的贷款。“先使用，后还款”，“透支使用”是贷记卡的最典型之处，贷记卡的核心特征就是卡里没有钱可以使用，因此，贷记卡也称为信用卡。

2. 借记卡（Debit Card）

借记卡是指卡里有钱才能使用的银行卡，即持卡人必须在发卡银行的借记卡账户先存款，然后才能在存款数额以下使用其购物、消费、提现、转账的银行卡。

持卡人在申请借记卡时，必须在发卡机构开有账户。持卡人先在借记卡账户存款，然后再持卡进行购物、消费。持卡人用借记卡刷卡付账时，所付款项直接从他们的借记卡账户扣划到特约商户的银行账户上。借记卡也可以提现，提现款项是其自己在借记卡账户的存款。无论持卡人购物、消费还是提现，都不能超过自己借记卡账户的存款数额，一旦借记卡账户的存款用完了，借记卡就必须暂停其使用。只有等借记卡账户再存款以后，借记卡才能再使用于购物、消费或者提现。借记卡账户的存款由发卡银行计付利息，所以，借记卡可以作为储蓄账户使用。

借记卡是银行卡的一种，借记卡是一种“先存款，后消费”、“卡里没钱就不能用”的银行卡。“不可以透支”是借记卡的最突出特征。因此，借记卡又称付款卡、储蓄卡等，在西方国家，一般的转账支付等功能是由支票来做媒介的，借记卡也被称为支票卡。借记卡没有信用性质，在中国的各个发卡银行、在中国的整个金融系统都不承认借记卡是信用卡。

3. 准贷记卡（Semi – Credit Card）

准贷记卡是介于贷记卡和借记卡之间的一种银行卡。持卡人先存款，后使用，存款有息，透支付息是其最显著的特点。

准贷记卡兼具贷记卡和借记卡的部分功能，客户申请准贷记卡时，一般需要交纳保证金或提供担保人；作为准贷记卡的持卡人，一般是先存款后使用，并且在存款数额以内使用其准贷记卡。因为，准贷记卡的透支使用，无论是透支购物、透支消费，还是透支提现，都是从透支之日起计息，到期还款日一次偿还欠款和利息。准贷记卡没有免息还款期和最低还款额。准贷记卡账户的存款是计付利息的，因此，可以作为储蓄账户使用。

准贷记卡是银行卡的一种，也是一种“具有中国特色”的银行卡，它是在我国信用机制还不健全的情况下产生的，准贷记卡可以看做是借记卡和贷记卡之间的过渡产品，它的出现为中国贷记卡的发展和普及奠定了基础。

信用卡与借记卡最本质的区别在于“信用”与“借记”的差别。“信用”意味着“未来支付”，持卡人可用自己的信誉获得发卡银行一定期限的循环信贷，持卡人借发卡银行的钱花，每月付一次账单；而“借记”意味着“扣除”，持卡人消费的付款从自己的银行账户中扣除，持卡人花的是自己账户中的钱，不存在信贷消费。

从物理构成上看，两者也有所区别：信用卡正面一般有激光防伪标志，借记卡没有；信用卡一定有有效期，借记卡不一定；目前国内的信用卡卡号均为凸印的，借记卡卡号有平面印刷的，也有凸印的。

三、按照卡的结算币种划分，银行卡有哪些种类？

银行卡按照其结算币种分类，可以分为人民币卡、外币卡和双币卡。

明确这种银行卡的分类，可以准确了解自己手中卡的结算币种，注意使用银行卡时不同种货币的结算规则，特别注意在境外使用或者有外汇结算的情况下，争取其更多的用卡便利，争取其尽可能少的结算费用。

1. 人民币卡

人民币卡是指由境内银行发行的、以人民币单一币种结算的银行卡。

目前，我国境内商业银行发行的借记卡绝大多数是人民币卡；我国境内商业银行发行的、卡面只有银联标识的贷记卡、准贷记卡也是人民币卡。

人民币卡可以在境外使用，即使在境外使用，也是由国内发卡银行垫付外币的，然后持卡人再用人民币与发卡银行进行结算。

2. 外币卡

外币卡是指由境内银行或者境外银行发行的、以外币

（主要是美元）进行结算的银行卡。

根据2003年5月26日国家外汇管理局发布的《关于银行外币卡管理有关问题的通知》的规定，外币卡分为两类，一类是境外金融机构发行的银行卡，简称境外卡；另一类是境内金融机构发行的外币卡，简称境内卡。境内卡和境外卡在使用规则方面有一些是不同的，比如：境外卡的持卡人在境内银行的营业柜台或自动柜员机提款时，只能提取人民币现金，不得提取外币现金；境内卡的持卡人使用个人外币卡的，可以在发卡金融机构的营业柜台和自动柜员机上提取人民币现金；但在自动柜员机上不得提取外币现金。使用单位外币卡的，在境内不得提取任何现金。

目前，我国境内使用的外币卡绝大多数是由境外银行发行的银行卡，中国境内银行发行的单币种的外币卡很少，如广东发展银行发行的广发国际信用卡、深圳发展银行发行的发展国际卡、中国银行发行的中银长城国际信用卡和长城国际电子借记卡，招商银行和民生银行发行的VISA奥运套卡中则也包含一张单币种的美元卡。

3. 双币卡

双币卡（Dual－Currency Card）是指一卡同时设立两个币种账户的银行卡。持卡人在国内使用时在本币账户中进行账务处理和结算，持卡人在境外使用时在外币账户中进行账务处理和结算。双币卡的卡面同时印有银联标识和VISA等外卡的品牌标识，境内业务是由中国银联系统清算的，境外业务则主要是由 VISA 等国际信用卡组织清算的，少数也有银联系统结算的。

目前，我国境内银行发行的双币卡绝大多数是以人民币—美元双币卡为主，也有部分商业银行推出了人民币—欧元双币卡。

四、按照卡的使用对象划分，银行卡有哪些种类？

换照卡的使用对象分类，可分为个人卡、单位卡和公务卡。

1. 单位卡

单位卡，也称商务卡，是由商业银行发行的，机关、团体、事业单位、企业等各种单位申请领办的、提供单位的有效证件、指定本单位职工为持卡人、主要用于单位业务的一种银行卡。

单位卡多为单位的财务人员持有，用于与个人卡之间的资金转账结算，也有的是单位采购人员持有，使用于为单位采购各种物品。根据《银行卡业务管理办法》等有关规定，单位卡只能用于转账，不能存取现金，单位卡的资金一律从其单位的基本账户转账存入，不准将单位的销货收入存入单位卡账户。

2. 个人卡

个人卡是由商业银行发行的，自然人申请领办的、提供自然人个人有效身份证件、以自然人个人为持卡人的一种银行卡。

个人卡可以是贷记卡，可以是准贷记卡，也可以是借记卡。自然人申请银行卡，一般要求年满18周岁，即具有完全的民事行为能力；如果申请领办贷记卡或者准贷记卡，一般还要求有其偿还能力或者代偿还能力。

3. 公务卡

公务卡，是指预算单位工作人员持有的，主要用于日常公务支出和财务报销业务的贷记卡。公务卡是银行卡的一种。

五、按照卡的地位划分，银行卡有哪些种类？

银行卡，无论借记卡还是贷记卡，按照其银行卡在使用中的地位都可以有主卡与附属卡的区分。

1. 主卡

主卡是指在多张银行卡的使用中起主导作用的银行卡。

一般情况下，银行卡的持卡人都可以向开卡银行申请领取附属卡，附属卡也称为副卡。如果办理了附属卡，原来的银行卡就成为了主卡。办不办附属卡，办几张附属卡，都是主卡的持卡人决定的；再增加附属卡或者取消已经存在的附属卡也都是由主卡持卡人决定的。

按照有关规定，银行卡的持卡人可以为自己的父母、配偶和子女办理附属卡。

主卡和附属卡需要分别申领，一般信用卡申请书上都会另刊有附卡申请的表格，并载明附卡最多可申请的张数，申请人可以一次完成申请主卡与附卡的程序。附属卡申请的程序和主卡一样，但其前提是主卡的存在。只要填写并寄出一份附属卡申请表或者一般的信用卡申请表，附上发卡银行需要的资料，按照程序来办理就可以了。

对于贷记卡来说，可以是主卡与附属卡共用同一信用额度；也可以由主卡持卡人在其综合信用额度内为各附属卡分配一定的信用额度。但是，主卡和附属卡是共用同一账户的，附属卡的交易明细全部列示在主卡的对账单上，附属卡消费、取现等交易和相应的手续费及所发生的一切债务均由主卡持卡人承担，即使附属卡消卡了，如果还有其未了结的债务，仍由主卡持卡人承担。主卡持卡人为附属卡还款时，应当注意附属卡虽然与主卡共用同一账号，但是卡号不同，应当按照欠款的附属卡卡号还款，主卡还主卡，附属卡还附属卡。

总而言之，主卡对附属卡的一切用卡行为负责。

2. 附属卡

附属卡，是指在多张银行卡的使用中处于附属地位的银行卡。

附属卡是由主卡持卡人决定申请并且协助办理的，即主卡申请办理附属卡，附属卡就可能存在；主卡不申请办理附属卡，附属卡根本就不能出生；主卡办理取消附属卡，附属卡就必须停止其使用。

附属卡有自己独立的卡号，开卡及密码设定等操作均独立于主卡；也可以由主卡持卡人为其代办；一般情况下主卡没有开卡，附属卡不能开卡或者不能使用。

对于贷记卡的附属卡持卡人来说，由于使用主卡的信用，因此无法建立自己的信用记录。当附属卡持卡人具备独立办卡条件时，最好自己独立办理贷记卡，有利于建立自己的信用记录。

办理借记卡的附属卡，对于异地、异国读书的学生是最为合适的。如中国农业银行金穗借记卡的主附卡，可以全国范围内通存通兑，父母和子女，虽然身处两地，但是凭主卡和附属卡存款、取款都没有问题；父母凭主卡的地位，可以设定附属卡的额度，包括可设定附属卡每月或每天的取现金额、刷卡限额、单笔金额、使用次数等，而且通过查询或打印主卡交易明细可掌握和了解子女以附属卡在外地的日常用钱花销情况，既保证了子女异地就读的开销问题，又培养了子女凭附属卡的理财意识。

六、按照卡的级别划分，银行卡有哪些种类？

对于银行卡的申请人，发卡银行一般根据国家的有关规定和发卡银行制定的有关条件，审查银行卡申请者的工作单位、职务、经济实力、购买消费能力、信用等级等方面情况，核发其不同等级的银行卡。无论是贷记卡，还是借记卡都有级别的区分。明确这种银行卡的分类，可以了解自己手中卡的级别，注意银行卡的级别和持卡人的个人地位、身份相适应，注意享受各种级别银行卡的相关待遇，争取更多的用卡实惠。

1. 普通卡

(Common Card) 也称银卡，是发卡机构所发行的最低级别的信用卡。如果是贷记卡，其授信的信用额度是最低的。我国的普通贷记卡或准贷记卡的信用额度一般只有5000元人民币，对于在校大学生发放的贷记卡的信用额度就更低了，一般是3000元人民币。如果是普通级别的借记卡，绝大多数没有任何优惠条件。

2. 金卡

金卡 (Gold Card)，对于贷记卡来说，主要是授信额度高于普通卡。申请人一般有稳定的收入来源、没有不良的信用记录。发卡银行对于贷记卡金卡的审批也比普通卡严格，会要求申请人提供收入证明和良好的信用记录。目前，我国各发卡银行的金卡授信金额一般在1万元到5万元人民币之间。

金卡借记卡，主要是可以凭卡享受一些优惠条件或者增值服务。如中国农业银行发行的金穗通宝贵宾卡，这是中国农业银行专为高端客户提供的一张标准的借记卡，具有一卡多账户、一卡多功能、本外币合一的特点，凭此可以享受中国农业银行提供的全方位、全天候的金融服务。金穗通宝贵宾卡是中国农业银行VIP客户的身份象征，可以凭此享受相应的优先、优惠及增值服务，参加专为贵宾卡持卡人组织的各种活动。

3. 白金卡或钻石卡

白金卡 (Platinum Card) 又称钻石卡，是发卡机构为区别于金卡客户而推出的银行卡，并提供了比金卡更为高端的服务与权益，一般采取会员制度，有客户服务电话专线服务和倍显尊崇的附加值服务。通常具有全球机场贵宾室礼遇、高额交通保险、全球紧急支援服务（GCAS）、24小时全球专属贵宾专线电话服务等服务功能。

白金卡（钻石卡）是我国银行目前发行的信用卡中级别最高的卡种，发卡银行对白金卡（钻石卡）的审批很严格，申请条件也很苛刻，只有少部分的高收入或领导才可以申请。有的高等级的信用卡，只受理邀请申请，即只有被银行主动邀请到的客户，才可以申请。其信用额度一般在10万~100万元人民币。如中国工商银行发行的牡丹白金卡。

4. 无限卡或世界卡

无限卡（Infinite Card）是发卡机构出于金融环境日益竞争激烈，为了锁定金字塔顶端的消费者市场，所推出的最高级别的信用卡，通常享有比白金卡更为尊崇的服务与权益。无限卡是威士国际组织的高端信用卡品牌，目前全世界仅有九个国家或地区推出无限卡产品，分别是美国、巴西、墨西哥、哥斯达黎加、科威特、多米尼加、冰岛、意大利及中国台湾地区，而总发卡量仅有3万张。万事达国际组织相同等级的信用卡品牌则称为世界卡。

2008年4月17日，招商银行在积蓄长达三年的高端信用卡产品经营经验之后又推出了直接面向顶级精英人士的信用卡产品“无限卡”。该款信用卡是我国业内首推的最顶级的无限信用卡。

七、按照卡的信息载体划分，银行卡有哪些种类？

按照卡的信息载体划分，银行卡可分为磁条卡、芯片卡及磁条和芯片共存的复合卡。

1. 磁条卡

磁条卡，又称磁卡（Magnetic Card）是指磁记录介质的银行卡。

银行卡的背面压贴有磁性条纹码或涂上一层磁性材料或在其卡的内部置入磁带；磁条上有三条磁道，前两条磁道为只读磁道，第三条磁道为读写磁道；磁条记录着银行卡持卡人的账户、密码、账面余额等信息。当持卡人使用磁条卡购物时，特约商户可通过仪器读出这些信息，来查证磁条卡及其用卡人的真伪并启动相应支付命令。磁条的信息读写相对简单容易，使用方便，成本低，从而广泛地应用于各种银行卡卡片。

20 世纪 60 年代开始磁条卡逐渐运用于结算支付，美国是磁条卡的发祥地，日本首创了用磁卡取现金的自动取款机。我国 1985 年由中国银行珠海分行推出的第一张信用卡就是磁条卡，至 2007 年底，我国银行发行的 14.7 亿张银行卡，几乎全部是磁条卡，只有极少数银行卡是采用芯片技术同时也加贴了磁条的双介质银行卡。

2. 芯片卡

芯片卡，又称 IC（Integrated Circuit）卡，是指芯片记

录介质的银行卡。

芯片银行卡是以芯片作为介质的银行卡。芯片卡容量大，可以存储密钥、数字证书、指纹等信息，其工作原理类似于微型计算机，能够同时处理多种功能，为持卡人提供一卡多用的便利。除了支付功能以外，芯片卡还可以集成其他不同领域的功能和应用，例如折扣积分、身份验证、楼宇出入管理、交通付费或医疗信息存储等。

目前市场上有两种芯片卡标准，一种是国际上应用较多的 EMV 标准，一种是人民银行的 PBOC2.0 标准。EMV 标准是由 Europay、MasterCard 和 Visa 三大国际支付卡组织于 1994 年联合制定的基于芯片的金融借贷记支付国际标准。

芯片卡产品虽然在国内还比较陌生，但是它却代表着信用卡行业未来的发展方向。从 2009 年 1 月 1 日起，EMV“风险责任转移”政策将正式启动，伪卡风险损失将由收单方和发卡方中没有使用 EMV 标准的一方承担。比如中国工商银行牡丹卡的持卡人在没有芯片卡以前到国外只能刷磁条卡，如果发生欺诈事件，工行就要承担这一损失。如果国外游客持芯片卡在中国消费，而中国 POS 机却只能收磁条卡，消费者只好刷芯片卡上的磁条，一旦发生欺诈损失就要由提供 POS 机收单的银行来承担。为了防控欺诈风险，我国的银行卡产业应当采取积极的措施尽快实施 EMV 的迁移，以顺应国际 IC 卡的大趋势。

芯片卡不提供附属卡业务。

3. 磁条和芯片共存的复合卡

1994年4月，中国银行在海南、三亚首批试点发行了长城智能IC卡，到目前为止，我国境内商业银行发行的借记芯片卡有浦发银行发行的东方借记卡、福建兴业银发行的兴业智能卡、中国农业银行发行的金穗通宝（智能）卡、中国银行发行的长城—万科联名卡等。

2008年4月18日，中国工商银行与Visa国际组织合作在中国大陆推出首张符合EMV标准的双币种牡丹白金芯片卡。牡丹白金（芯片）卡是针对年消费额在人民币10万以上的人士。它具有人民币和美元两个账户，稳定可靠以及受理广泛等优点，同时，还采用了与国际支付安全标准EMV接触的芯片和磁条双介质的设计模式，从而极大地提高了产品的安全性，这是国内目前最高端、最先进的信用卡产品。中国工商银行发行的南航明珠牡丹信用卡也是磁条和芯片共存的复合卡。南航明珠牡丹信用卡产品中的威士、万事达品牌卡采用符合EMV标准的芯片与磁条复合介质设计；而银联品牌采用符合中国人民银行PBOC2.0标准的芯片与磁条复合介质设计，这在国内航空联名卡中尚属首创。芯片的应用增强了产品的技术含量，极大程度上提高了信用卡使用环节的安全性，并具有更加广泛的行业应用性。

中国工商银行9月28日在北京宣布正式推出符合中国人民银行PBOC2.0标准的理财金账户芯片卡和工银芯片白金卡（银联标准），在国内同业中率先开始全面推广芯片银行卡。据悉，工商银行此次发行的工银芯片白金卡为信用卡，从即日起面向全国同步发行；理财金账户芯片卡为借记卡，先期在北京、上海、广东、江苏、浙江等15家分行发行，并逐步向全国推广。工商银行此次发行的芯片银行卡是目前国内最高端、最先进的银行卡产品。每一张这种芯片银行卡都带有一颗微晶芯片，大大增加了卡片的信息存储容量，不仅能够实现普通磁条银行卡的所有金融功能，更能够为客户提供脱机交易、非接触式交易、会员管理和积分管理等智能化功能。同时，这种芯片卡还进一步升级了卡片防伪技术，具有更高的安全性。

工商银行相关负责人表示，此次面向理财金账户和白金卡客户推广芯片卡，主要是为了向客户提供更高品质的金融服务。目前客户办理这两种芯片银行卡不仅不收取任何额外费用，理财金账户芯片卡客户还可享受工商银行为理财金账户客户提供的各种优先理财服务和异地存取款、汇款、挂失方面的系列优惠，而白金卡客户则能享受机场贵宾室服务、航空意外保险及费用减免等各项增值服务。

牡丹白金芯片卡的诞生，拉开了中国银行卡换“芯”的序幕，中国的信用卡产业也将逐渐从磁条卡过渡到芯片卡的时代。

八、按照卡的形状划分，银行卡有哪些种类？

按照卡的形状划分，银行卡可以分为标准卡和异型卡。

1. 标准型卡

标准型卡是指一般的长方型卡片，规格为长 85.60mm × 宽 53.98mm（3.370 × 2.125 英寸）。

标准型卡和标准卡不同。标准卡是指符合 VISA 或 MASTER CARD 等国际标准的信用卡或者国内 622 卡号开头的银行卡。

我国银行卡的技术标准，根据标准项目内容主要分为卡片标准、交换系统标准、受理终端标准和安全标准等，另外，还有一些新业务的技术标准。

关于银行卡的卡片规格、签名条、全息标的使用，以及银联标识在卡片上的位置等内容都已在银发［2001］57 号、银卡办［2001］008 号、银卡办［2002］005 号等文件中作了规定。

2. 异型卡

异型卡是指小于长 85.60mm × 宽 53.98mm（3.370 × 2.125 英寸）的长方形银行卡或者非长方形的银行卡。

近年来，8 厘米长 5 厘米宽的刻板信用卡造型，正在被颠覆，市场上不断冒出各种造型奇特的信用卡。

2001 年，万事达国际组织首次打破标准信用卡传统设计的信用卡，开创了信用卡可以改变形状的先河。卡片右下角是圆的，称之为 mc2 卡。2004 年 2 月底，台湾联邦银行推出一款造型独特的万事达旅游卡，卡片正面采用台湾空照图，卡片边缘沿着台湾西海岸线切割，突破一般信用卡弧面或方形的刻板设计。这张不规则造型的信用卡是全球首例。

目前，我国商业银行发行的异型卡主要有：光大银行发行的足球世界杯卡，被做成刀币形状；招商银行发行的MSN迷你信用卡，比普通卡小43%，该卡为国内首张VISA MINI信用卡，一套4张，卡样名标与设计分别为工作狂、万人迷、点子王和金算盘，演绎出一场生动有趣的办公室生活秀。还有其他各银行的异型卡等。

异型卡与普通信用卡比较，功能方面存在明显的差异，所有的异型卡都不能在自动取款机（ATM）、自动存款机（CDM/CDS）及插卡式终端机上存取现金和查询余额，同时，异型卡不能进行手工压单操作，因其卡面信息并非凸印字符。另外，异型卡作为标准型信用卡的附带产品，其账号信息管理，不同银行的操作也存在差别。有的银行，大卡和小卡共用同一卡号，任何一张开卡可视为两张同时开卡。有的银行，大卡和多张小卡采用不同的卡号，使用前必须对本张信用卡进行开卡激活。倘若每张卡都开卡了，原来只需管理一张卡的事情变成了管理多张卡，多个账号。不仅管理成本增加，失卡风险也增加了。

九、按照卡的品牌划分，银行卡有哪些种类？

银行卡按照其品牌的不同，可以划分为银联卡、VISA卡、Master Charge卡、JCB卡、运通卡、大来卡等。

1. 银行卡的品牌

银行卡的品牌即银行卡的牌子。

银行卡品牌的构成要素包括三个方面：BIN 号、标识和磁道标准，其中，BIN 号是银行卡品牌的核心，也是最重要的内容。

BIN 号即银行标识代码英文 Bank Identification Number 的缩写。BIN 号是银行卡卡号的一部分。银行卡卡号分为三部分：前 6 位就是发卡行标识代码（BIN 号），6～12 位发卡行自定义码和 1 位校验码。BIN 号是由 ISO（国际标准化组织）统一分配的，具有唯一性，BIN 号也是银行卡结算组织的一种重要资源。根据国际惯例，在开放的银行卡市场上，银行卡交易信息的转接路径选择由银行卡的 BIN 号决定，BIN 号是决定银行卡由哪个网络转接的区分依据，只要有网络转接就有收益，发卡机构只要发行某一银行卡结算组织 BIN 号的卡，而不通过该组织的网络进行交易转接，该银行卡组织可以要求其支付 BIN 号使用费。

根据 ISO 的规定，以 4、5 和 6 开头的 BIN 号是分配给金融业的。其中“4”字头的 BIN 号被 VISA 买断（400000－499999）；“5”字头的 BIN 号已分配完毕（大部分由万事达购买 510000－559999）；运通、大来、JCB 等公司机构使用“3”字头，其中运通 340000－349999、370000－379999，JCB352800－358999，大来 300000－305999、309500－309599、360000－369999、380000－399999；“9”字头的 BIN 号是作为各国国内卡的 BIN 号，由各国自主决定分配方式。2002 年，中国银联代国内各发卡机构统一向国际标准组织申请了 800 个在国内和国外通行的国际标准

BIN。2003年7月启用银联国际标准，银行卡上面不仅具有“银联”标识，且卡号采用银联国际标准62字头。

标识，是银行卡结算组织的标志。银行卡结算组织的标识一般印制在银行卡卡面的右下方，标识意味着该卡能够使用该结算组织的网络。商业银行加入相关的信用卡组织，获得信用卡组织品牌的使用权，在其发行的银行卡卡面加注品牌标识，即可凭品牌标识使用该组织的银行卡结算系统。

磁道属于银行卡背面磁条的专业技术问题，仅从银行卡的卡面是无法区别的。

2. 我国银行卡的“银联”品牌

银联，来源于中国银联股份有限公司（以下简称为中国银联）的称谓。银联是符合国际标准、拥有自主知识产权的我国银行卡的品牌。银联品牌是中国银行卡的民族品牌，银联品牌是中国银行卡的国家名片。

为了保证银联品牌标识清晰可见，规定了品牌标识的最小尺寸，宽不小于11毫米，小于该尺寸的任何应用方式都是不允许的。

银行卡正面有银联标识的即为银联品牌的银行卡；银行卡正面有银联标识和VISA或者Master Charge或者JCB或者运通或者大来等品牌标识的即为双币卡；银行卡正面只有VISA、Master Charge. JCB、运通、大来品牌标识的银行卡一般是境外银行或信用卡组织发行的银行卡。目前，我国境内不允许外资银行和国际信用卡组织单独发行银行卡，也不允许国内商业银行发行单独使用外国银行卡品牌的银行卡。

3. 外国的主要银行卡品牌

（1）Visa 品牌。Visa 是威士国际组织（VISA International）的银行卡品牌。威士国际组织是美国的一个国际信用卡组织，也是一个营利性的会员制公司。只做品牌和结算，不发卡。威士国际组织通过世界各地约 2 万个会员金融机构发行各种 Visa 卡，包括信用卡、借记卡、公司卡、商务卡及采购卡等。威士国际组织会员金融机构发行的各种 Visa 卡加贴 Visa 标识，加贴 Visa 标识的卡可以借助于威士国际组织的支付系统进行结算。Visa 全球电子支付网络是世界上覆盖面最广、功能最强和最先进的银行卡支付处理系统，Visa 全球电子支付网络收取的结算费用主要有交换费、网络服务费和收单机构手续费等。2006 年 10 月至 2007 年 6 月 30 日的 9 个月里，Visa 全球电子支付网络的运营收入达 37 亿美元，实现净利润 8.564 亿美元。

（2）Master Card 品牌。Master Card 是万事达卡国际（Master Card International）的银行卡品牌。万事达卡国际只做品牌、标准和结算，不发卡。Master Card 卡通过全球 25000 家金融机构会员单位发行万事达卡，凡是万事达卡国际组织会员单位发行的银行卡都要加贴 Master Card 标识，只有加贴 Master Card 标识的银行卡才能通过万事组织的结算网络进行支付结算。万事达卡国际组织，有遍布全球的 2530 万个网络接受点，为 210 个国家和地区的消费者提供银行卡转接服务。清算业务几乎是万事达卡最赚钱的业务，清算网络收取的相关费用主要包括交换费、网络服务费和收单机构手续费。仅2006年，万事达卡清算交易为160亿笔，清算金额达1.2万亿美元（约9.3万亿元人民币）。万事达卡国际组织于2006年5月在美国纽交所公开上市，以每股39美元的价格发售公司49%的股份，融资近24亿美元。2006年万事达将公司名称由“万事达国际”(Mastercard International）改为“万事达全球”（Mastercard Worldwide）以突出其全球化的性质，也启用了新标识，在原来的两个圆圈上又增加了一个圆圈，意为万事达作为品牌特许者、交易处理者和咨询服务提供者的三层商业模型。

(3) America Express品牌。America Express是美国运通公司的银行卡品牌。美国运通卡始创于1958年，它主攻大额消费市场，不设信用额，它侧重高端市场，商户扣率(指特约商户在受理信用卡消费结算后，根据不同行业分别按交易额的一定比例，向发卡银行支付的手续费）比威士、万事达高，运通卡一直是“富人卡”的形象。运通服务于高端客户的历史较长，积累了丰富的服务经验和庞大的优质客户群体。过去运通一直走独立发卡之路，自己同时发卡和收单，就不存在交换费和网络服务费，它们自己获得了全部的商户结算手续费。从1996年开始，运通公司授权其他银行发卡，在这种情况下，它作为收单机构，就要向其他发卡银行支付交换费，向其他金融机构或者发卡机构开放网络。

（4）Diners Club 品牌。Diners Club 是美国大来公司的银行卡品牌。大来卡诞生于 1950 年，是第一张塑料付款卡，现在已发展成为一个国际通用的信用卡。大来卡公司的主要策略是在尚未被开发的地区增加其销售额，以便扩大市场份额，加强其国际市场上的地位。

（5）JCB 品牌。JCB 是日本 JCB 公司发行的银行卡品牌。JCB 在日本银行卡行业是首屈一指的品牌。2007 年 6 月 1 日推出全新的信用卡品牌标识，这是该公司成立 39 年以来首次更新品牌标识。旧的 JCB 银行卡品牌标识是 3S 形状，代表着“签名”（SIGN）、“便捷”（SMART）和“安全”（SAFETY），3 色标识可以在全球范围内受理。全新的品牌标识中延续了蓝、红、绿三种主色调，并重新定义了“S”的意义，分别为 SUPPORT、STRENGTH、SHARING，象征“责任感”、“活力感”、“亲近感”。

JCB 国际信用卡进入中国市场也已经 26 个年头，一直以来主要开展收单方面的业务，从 2005 年开始，随着 JCB 整体经营战略的转型，在做好收单业务的同时，积极开拓与中国各家银行开展特许发卡方面的合作。到目前为止，已经在中国大陆市场相继推出 11 种不同类型的信用卡产品，以满足中国国内持卡人的特色消费需求。

第三章　银行卡的功能

银行卡功能十分强大，概括起来，银行卡具有：储蓄和存取款功能、消费支付功能、转账结算功能、代收代付功能、消费信贷功能、综合理财功能及其他派生功能。

一、什么是银行卡的储蓄和存取款功能？

居民储蓄一直是我国各商业银行的主要业务之一，储蓄业务工作量巨大，劳动强度相对较高。为提高业务效率以吸纳更多存款，各发卡银行都发行了具有储蓄功能的借记卡。银行对持卡人开立的银行卡存款账户，按照规定的活期储蓄存款利率和计息办法计付利息。持卡人凭卡可在发卡银行指定的受理网点办理存、取款业务（通存通兑），也可在发卡银行提供的自动柜员机取款和查询账户余额等。随着银行卡跨行通用和境外支付业务的开展，这一服务延伸到了发卡银行以外的其他商业银行以及境外银行的自动柜员机上。

二、什么是银行卡的消费支付功能？

持卡人凭卡可在特约商户直接购物消费，无须以现金货币支付账款，只需使用银行卡进行支付结算。由发卡银行扣减持卡人银行卡账户资金后，将持卡人所支付款项划拨给特约商户。支付结算是银行卡最主要的功能，它能为社会提供最广泛的结算服务，方便持卡人与特约商户的购销活动，减少社会的现金流通量，节约社会劳动。

三、什么是银行卡的转账结算功能？

持卡人可通过发卡银行约定的卡与卡、卡与账户之间的转账业务，或者在与发卡银行建立合作关系的特约商户如证券公司、基金公司等办理银行卡与对方账户之间的转账结算。通过发卡银行的结算系统完成银行卡账户存款与指定账户之间的款项划转。目前较普遍的银证转账业务，就是发卡银行通过接受证券公司委托，用储蓄卡实现股民储蓄账户与证券保证金账户资金双向实时划转业务的转账结算。转账结算节约了社会劳动，改善了支付结算手段，极大地提高了支付效率。

四、什么是银行卡的综合理财功能？

与此同时，近年来各行针对个人理财需求的上升，发行了具有综合理财功能的理财卡，该卡集多个定活期、本外币存款账户于一卡，不但各账户之间可办理转账，而且还可办理与证券及基金公司之间的买卖股票及基金的资金转账等。另外，凭卡还可办理银行贷款融资，极大地方便了个人的储蓄和理财活动。特别是上述转账交易的完成必须借助私密性很强的个人密码的控制，更是在很大程度上保障了个人资产的安全。

五、什么是银行卡的代收代付功能？

发卡银行利用自身的营业网点、网络、人员、借记卡账户管理等优势，为政府、企业、个人提供代理资金结算的代理服务、分销服务，以代理人的身份为被代理人办理收付委托事项金融服务，以获取中间业务收入。目前，这些代收代付业务主要有代发工资业务和代收、代付、代扣各种费用以及代销业务。

代发工资是发卡银行网点按照委托单位协议，将单位职工的工资以转账的方式存入营业网点为其职工开立的借记卡账户，职工凭借记卡办理存取款、支付和转账结算等业务。

代收、代付、代扣各种费用是指发卡银行网点按照供水、供电、煤气、税务、房管、电信、保险等行政事业等委托单位的协议，根据其提供的代收清单，通过扣划付款人约定开立的借记卡账户，以转账方式划至委托单位账户的有关费用。

代销业务是发卡银行根椐与委托单位签订的代销协

议，由营业网点负责分销，并将购买委托单位服务的个人借记卡账户上的资金扣划归集至委托单位账户的服务。

六、什么是银行卡的消费信贷功能？

消费信贷功能只专属于贷记卡（包括准贷记卡）。持卡人无须事先在账户中存款，在凭卡支付结算的过程中，即实现了消费信贷功能。前面提到过，客户有了信用卡，就可以自由使用信用额度而不必费力去银行申请贷款，也不必非要每月定期还款。持卡人既可在到期付款日一次还清所使用的信用额度，也可以采用灵活的每月分期付款方式。另外，与固定每月分期付款的贷款不同，当客户所用的额度到还款期时，持卡人可以在一段时间内只偿还到期部分的一个最低还款额，或者偿还大部分甚至是全部额度，而且不会因提前还款而招致罚款。

信用卡还能使持卡人随时获得信贷支持。对于那些难以或是不打算使用自由资金进行一些消费的客户来说，信用卡使其获得了发卡行为其提供的信用支持，即使身在外地也不例外。

以上仅是贷记卡的典型特征功能，而对于准贷记卡而言，消费信贷功能在具体发挥作用时则略有区别。准贷记卡持卡人在消费或支付结算过程中，如果需要支付的款项超过其准贷记卡存款账户余额，发卡行允许持卡人按规定限额进行短期透支，但与贷记卡不同的是，这一短期透支一般金额较小，而且一旦透支即计算透支利息，无免息还款期优惠。

七、银行卡还有哪些派生功能？

发卡银行通过与合作伙伴合作来拓展并延伸银行卡的服务领域。如前所述，银行卡中的联名卡，可为联名卡持卡人在发卡银行合作单位用卡提供一定比例的折扣优惠或特殊服务；发卡银行还为资信状况较好的金卡持卡人，特别提供旅行保险、机场贵宾等专属服务。

第四章　银行卡的使用

一、如何申领银行卡？

我们要使用银行卡，首先要拥有银行卡，即申领银行卡。申领银行卡成为持卡人，才可以使用银行卡。银行制作、发行银行卡，才能成为发卡银行。申领、制发银行卡是整个银行卡业务的前提和起点。

申办银行卡业务具体包括申请、审批、制卡、开户和发（领）卡5个环节。

（一）申请

1. 申请对象及条件

自然人和单位都可以申领银行卡，但是要具备一定的条件，并且不同种类的银行卡，申请条件也有区别。一般以申请表明确规定的条件为准。

（1）个人卡和单位卡。自然人只能申请个人卡，不能申请单位卡。单位一般情况下是申请单位卡，但是，为了给职工发工资，也有可能统一申办个人卡，再有财政预算开支的单位也可以为单位职工申请公务卡。

（2）借记卡和贷记卡。个人申请借记卡的，目前还没有年龄的统一规定，有的发卡银行要求申请人具有完全的民事行为能力。对于无民事行为能力的人申请借记卡的，有的发卡银行建议申请其附属卡，申请附属卡必须经由主卡持卡人即监护人的书面同意，由此产生的债权债务关系全部由主卡人承担。申领借记卡的无须提供个人担保。

凡在中国境内金融机构开立基本存款账户的单位都可以申请借记卡，作为单位卡的借记卡，一般由单位法定代表人或者负责人指定人使用，作为单位统一申请的个人借记卡大多为单位职工发放工资使用。

个人申请贷记卡的，一般要求在户口所在地（含公安部门出具的准许居住 2 年以上的证明）的发卡银行提出申请。申请人的基本条件是具有完全的民事行为能力，年龄没有统一的规定。如中国工商银行规定为年满 18 周岁，中国农业银行、中国建设银行等都没有规定年龄的下限，中国银行规定申请办理附卡的自然人应当年满 16 周岁。有的银行还有其他条件，如具有良好的个人信用记录、有稳定的收入来源等。

2. 申请程序

要想申请银行卡，需要按照步骤、程序进行操作。

（1）抉择。

①选择是否申请银行卡。对于还没有银行卡的人、对

于还不想用银行卡的人来说，一定要决心申请一张银行卡。因为银行卡方便、安全、快捷，用银行卡进行支付结算是世界范围内的大趋势，是不可逆转的潮流。早一天用银行卡早一天受益。对于已经有一张借记卡的人来说，应当尽早再申请一张贷记卡。因为借记卡是单位为发工资办理的，主要用于领取工资，如果卡里的工资钱没有了该卡就暂时不能使用，只能等下月发工资再用。如果你有一张贷记卡，是可以透支消费、透支提现的，在必要时是能够解燃眉之急的。对于既有借记卡又有贷记卡的人来说，一般情况下就不要再申请银行卡了，特别是已经有三张、五张甚至更多银行卡的人来说，一定不要再办银行卡了！因为银行卡多了不仅没有好处，而且会增加风险，增加麻烦。

②选择发卡银行。据中国银联的数据显示，截至2007年年底，我国有169家内资商业银行可以发行银行卡，2008年花旗银行等4家外资银行获准在我国境内发行人民币借记卡，随着我国改革开放的深入，可以在我国境内办理人民币银行卡业务的外资银行会更多。因此，我们申请银行卡，应当在众多的商业银行中进行选择。选择发卡银行，应当根据申请人的实际情况，取决于申请人对各商业银行的认知程度、办卡的目的和使用的便利等因素。收入水平一般并且网上银行利用较少的人，选择发卡银行，应当主要考虑存取款的方便、银行的服务质量，就近选择可以办理银行卡业务的商业银行营业网点即可。如果收入较

高、个人电脑技术较好、网上银行利用较多的人，则一般选择经营规模较大、经营业务较宽、网络服务好、交易比较安全的大银行，如中国工商银行等。如果办银行卡有些特殊需要，则主要考虑哪一家发卡银行可以更好地满足其需要，此外，还要考虑各种各样、名目繁多的联名卡的优惠条件。如一对年轻人考虑装修房子时，以备万一钱不够时办理分期付款，那么，就应当认真分析、比较哪一家银行的分期付款手续费最低廉，哪一种联名卡的活动最优惠，哪一家银行对持卡人分期付款受益最大，就在哪一家银行申请贷记卡。

③选择银行卡种类。银行卡的种类，在理论上可以有十几种分类，但是作为申请人最主要的考虑有两种，一是借记卡还是贷记卡的问题，二是人民币卡还是双币卡的问题。另外，如果可能还有金卡还是银卡的选择问题。

如果成为持卡人，能够理智地控制自己的支出，进行有计划地消费，可以申请贷记卡，经常地使用贷记卡，如期偿还贷记卡的欠款，有意识地、逐渐地建立良好的个人信用记录，逐渐积累个人宝贵的“无形资产”，来日方长，在社会的各种经济活动中，受益无穷。如果申请人是正在读书的学生，个人没有收入，靠父母资助进行学习的，最好别办贷记卡，办张借记卡，养成计划花钱、生活节俭的好习惯；如果是刚刚参加工作的年轻人，处于选择单位、选择岗位的过程，工作不固定、收入不稳定，也最好是申请借记卡，周密地计划支出，节制消费，以避免使用贷记卡因不能按期还款留下不良的信用记录，影响日后个人与银行的各种重要的金融业务，造成无可挽回的严重后果。

如果要中请贷记卡的话，要考虑币种问题。对于不经常前往国外或者境外的人，最好选择人民币卡，不选择双币卡。双币卡的年费一般都比人民币卡的年费高，人民币卡金卡年费一般是 120 元，银卡 80 元，而双币卡的年费一般都在 240 元到 360 元之间。虽然有些发卡银行优惠，刷卡若干次免当年年费或者次年年费，但是有些人，随大流办卡后不用卡，所以还要白白支付年费；有些人，用卡次数少，不能达到免年费的次数，所以，也要支付年费。还有，持卡人偶尔出国或出境用卡，人民币卡是完全可以满足要求的，而且方便，省钱。我们银联标品牌的人民币卡，已经能够在美、英、法、德、澳、日、俄罗斯、新、马、泰等全球近 30 个国家和地区使用，几乎覆盖了 95% 的境内游客经常去的地方。双币卡比人民币卡在国外的使用范围确实要宽泛一些，因为有国际信用卡组织的网络进行结算服务，但是对于绝大多数中国人是用不着的。相反，申办双币卡在境外使用，有可能带来经济上的不必要支出。在可以使用人民币卡的国度或者地区，刷卡支付时，如果不能明确提示使用银联 POS 机的话，就可能使用国际结算系统的 POS 机，造成不必要的换汇费用，经济上得不偿失。比如使用“人民币/美元”双币卡在非美元地区出差、旅游，那么刷卡消费时先要把这个国家的货币换算成美元，回国后再用人民币还款。这两次换汇不仅要承担汇率波动风险，而且每次换汇还有兑换手续费。而换汇手续费的收取标准一般是消费金额的1%～2%，对消费者而言，这也是一笔不小的数目。当然了，对于经常出国、出境的人，或者是有子女在国外就读、工作的人，最好是办张双币卡，不仅资金进出方便，也可以有外汇兑换方面的便宜。

银行卡的级别，申请人可以选择，但主要还是由发卡银行根据申请人的经济条件审定。

（2）填写申请表、准备有关材料。索取申请表。申请银行卡，必须填写申请表。申请借记卡的，申请表可以到已经选定的发卡银行的营业网点去索取；申请贷记卡的，申请表可以到已经选定的发卡银行的营业网点去索取，也可以从选定的发卡银行的网站下载；也可以由发卡银行的代理人发放。

填写申请表。按照申请表的要求认真、如实地填写每一项内容，如果有不明白之处，不要稀里糊涂地对付，以免日后带来不该发生的麻烦。应当与发卡银行联系，问清楚以后再填写。对于申请贷记卡或者准贷记卡的人，应当特别注意填写消费密码的选择，申请人最好选择消费时使用密码，也可以选择消费时不使用密码。

准备有关材料。申请人应当根据申请表的要求，准备有关的证件材料。按照申请人是单位还是自然人，按照申请的银行卡是借记卡还是贷记卡、是单位卡还是个人卡，发卡银行要求提供的证件材料也不同。例如，单位申请单位卡或者为职工办理发放工资的个人卡或者为职工申请公务卡，一般要求单位提供组织机构代码证、单位的法定代表人身份证件、基本存款账户开户登记证及单位法定代表人（负责人）或其授权代理人书面指定的单位卡持卡人、或工资卡持卡人、或公务卡持卡人即各种卡的持卡人名单。个人申请借记卡一般只要求提供个人的身份证，个人申请贷记卡，除了提供身份证以外，一般还要求提供有关的资信证明，如个人工作证件、近三个月的工资收入证明，有的发卡银行还要求提供家庭存款证明、家庭财产证明等。

关于副卡。如果申请副卡的话，一并在申请表上填写副卡申请人的有关资料。

（3）将申请表及有关材料送（寄）发卡银行。个人申请借记卡的，一般是直接送达发卡银行的营业网点即可。个人申请贷记卡的，可以将申请表和有关材料送达申请人所在地发卡银行的营业网点，由发卡银行营业网点的有关人员作为代办人再向发卡银行的市级分行信用卡部统一递交申请表及有关材料；有的发卡银行允许申请人直接邮寄申请表和有关材料到发卡银行的市级信用卡部；但是最好直接送达申请人所在地发卡银行的市级分行的信用卡部，以减少中间环节，减少个人信息材料丢失的风险，加快发卡的时间。

注意事项：有的商业银行为了扩大发卡量，在商场、繁华路口等地设点推销办卡。建议人们不要在这些地方盲目办卡！一是代表银行办卡的人不足以可信；二是申请人的信息资料有可能被人窥视而丢失；三是对发卡银行的选择不充分。

（二）审批

发卡银行在收到申请人填写的银行卡申请表和按规定所附的有关资料后，需对申请人和代办人所填写的内容及所附资料进行审核。

1. 借记卡的审核

在对银行卡申请人的资信调查和审核中，对借记卡的申请人一般只审核申请表所填写内容的真实性和完整性及应提供的有关资料是否真实、齐全，是否符合发卡银行的有关规定和要求等，而无须对其进行资信评估。

2. 贷记卡的审核

贷记卡的审核内容包括对申请人的资信调查和资信评估。资信调查是发卡银行对申请银行卡的单位和个人及担保人的基本条件、资金、信誉、经济状况等方面进行的全面审核和评价。

资信调查的基本内容。资信调查的基本内容主要包括四个方面：

申请人填写的银行卡申请表。申请人填写的申请表应内容真实、完整、字迹清晰，签名、印章齐全。

申请人及担保人提供的有关资料是否齐全。申领单位卡的，应提供人民银行核发的开户许可证和可以证明其具备法定代表人资格的影印件及申请人身份证件影印件；申请个人卡的，应提供申请人身份证件影印件。

申请表中的申请单位或个人是否符合发卡银行规定的银行卡申领条件，担保人是否具备发卡银行规定的担保资格。

申请单位、个人卡及担保人的资信情况。对申领单位卡及作为单位保证人的单位，应调查该单位的所有制性质、经营范围、生产规模、资产负债、经营状况、银行存款、税金利润、结算纪律执行情况等内容，以及该单位是否进行了承包和转承包的方式等，对申领个人卡及其担保人的个人，应调查其工作单位的性质、职业、职务、月收入水平、工作年限、工作和日常行为表现等情况。

发卡银行对持卡人的资信调查，应履行初审和复审两级审批制度。初审，由发卡银行指定专职人员办理。初审人员通过资信调查，根据申请人的资信情况，对是否可向申请人发卡进行判定，并在申请表上签署初审意见，包括是否可以发卡，如可以发卡，则确定资信的等级，发行何种级别的银行卡，是否要求存入保证金等。初审审批后，由银行卡业务部门负责人对初审意见进行复审，即对申请人的申请表、有关附件资料及初审人员的初审意见进行再审核。对合格的，复审人员签署意见后，作制卡准备。

（三）制卡

对已批准制卡的申请表递交客户部门，并通过银行卡系统对申请人是否重复开卡、是否互相担保或连环担保的相关内容进行识别；再将资料输入后所产生的卡号等制卡信息交制卡部门制卡，资料装订后归档，并向申请人发出领卡通知。

制卡人员在收到制卡信息和制卡清单，审核无误后签收，并根据制卡清单的实际数量，按规定到空白卡片保管员处领取空白卡片。发卡银行内部制卡领用空白卡片时，要开具“制卡领卡通知”交业务主管核实审批。制卡员在开机制卡前，要根据制卡机上的累计制卡数，在制卡登记簿上登记制卡累计序号，且保持前后两次制卡的序号相互衔接。然后对空白卡片进行有关内容的制作和验证。通过上述操作后，即产生了正式、有效的银行卡。

制卡员制卡完毕后，须将制好的卡交给客户部门，客户部门清点签收后，应将已制好的卡清点存档入库保管，同时制卡员将废卡交空白卡片保管员签收收回；对废卡需重打时，要按制新卡的操作程序办理。

计算机制卡处理程序可实现批量制卡、单张制卡和选择制卡等功能。在发卡银行内部，严格执行计算机系统人员、制卡人员和空白卡片保管人员三分离的制度。

（四）领卡

贷记卡一般是由发卡银行在制卡后以挂号信形式向申请人发出书面领卡通知。银行卡申请人收到领卡通知后，在一定时期内凭本人有效身份证件及领卡通知前往所在地发卡银行的指定分支机构办理领卡手续。也有的发卡银行直接将银行卡寄送申请人的工作单位或者家庭住址。

借记卡一般是即开即用，即申领人在按规定填写借记卡申请表和提供有关证件资料后，发卡银行经当场核对申请人和身份证，检查申请表填写无误，即可为申请人发行已预制好的借记卡。

申请人得到银行卡后应认真核对卡面的有关内容（如姓名、性别、有效期等）。确认无误后，立即在卡背面签名条上签名，同时应在发卡银行所属的 ATM 机上更换原始的银行卡密码。

（五）交纳年费

借记卡的年费一般是 10 元，新办卡在领取卡时交纳；以后每年的年费由发卡银行在卡内资金中一次扣除。

贷记卡（准贷记卡）的年费，根据银行卡的等级的不同，收费标准也不同。一般说来，等级越高收费越多。例如：中国工商银行的国际信用卡，白金卡主卡 2000 元/年、副卡 1000 年，商务金卡 400 元/年、商务普通卡 200 元/年，个人金卡主卡 200 元/年、副卡 100 元/年，个人普通卡主卡 100 元/年、副卡 50 元/年。中国工商银行的牡丹贷记卡，商务金卡 200 元/年、商务普通卡 100 元/年，个人金卡主卡 100 元/年、副卡 50 元/年，个人普通卡主卡 50 元/年、副卡 25 元/年。中国工商银行的彩照卡除所依附的卡种收费标准外，另收取 50 元/卡。

新办的贷记卡（准贷记卡），年费是在领取时交纳，以后每年的年费由发卡银行在卡内资金中一次扣除。贷记卡（准贷记卡）的年费一般是有优惠减免的，如中国建设银行发行的、美元单币种的 VISA 奥运白金信用卡（珍藏版）免年费；VISA 白金信用卡（双币种）年费 580 元/卡，附卡年费 300 元/卡，一年内刷卡满 18 次即可免当年年费。又如招商银行发行的国航知音信用卡，由国航代付首年年费，刷卡六次，免次年年费。如持卡人中途退卡，年费不予退还。

二、一个人可以办几张信用卡？办几张比较合适？

目前一个人可以办卡的数量是没有限制的，既可以在一家银行申请数张信用卡，也可以在不同银行申请多张信用卡。只要银行批准，办多少都没问题。

同一家银行里，同一个人名下的信用卡额度一般是共享的，就是说你申请了某家银行的两张卡，一个卡额度 5000 元，一个额度 10000 元，如果 5000 元的卡刷光，另一个卡就只能刷 5000 元，如果 10000 元的卡刷光，5000 元的卡就没额度了。也有些银行，例如工商银行，对同一个人名下的数张信用卡分别给予额度，额度独立，不相互挤占。

现如今白领消费已经进入卡时代，信用卡也成了时尚的代名词。各银行为了“跑马圈地”纷纷降低门槛，信用卡申请比较容易了，信用卡制作也越来越精美，并且附送许多精美礼品，时尚白领难免心动。然而，一般来说信用卡并非办的越多越好，卡多了，麻烦也多起来，既要考虑交年费，还要承担卡丢失被盗刷的风险。那么，究竟持有几张信用卡最为合适呢？年轻白领如何才能远离“卡奴”

做个“卡通”族呢?

信用卡的数量不宜超过3张，这样可以最大限度的利用信用卡免息还款。理由如下:

办一张卡的免息还款日期最长是50天，最短是20天。办两张卡的免息还款日期最长还是50天，最短是30天。办三张卡的免息还款日期最长也是50天，最短是40天。能把免息还款日期规划在40~50天左右就更大效率地使用了信用卡。例如，某人有三张信用卡:招行、建行、光大，其账单日分别是25、7、18日，他每月25日后用招行、7日后用建行，18日后用光大银行。这样能保证每一笔消费免息还款日都在40~50天内，极大地提高了信用卡的使用效率和个人的资金调度。

另外，办理信用卡时，白领可将信用额度限制在自己月薪的2~3倍，这样可有效控制消费支出，避免过度刷卡带来沉重债务负担。

当然，如果您有经常性资金周转的需要，多办几张也未尝不可，甚至可以说多多益善，把能办的卡都办上，关键时刻信用卡的方便就体现出来了。

案例:小吴自己办了家外贸公司，她为了防止防备急时之需，办了十五家银行的信用卡，每张卡的额度不低，有三、四万元左右。有一天急需要用一笔大额的资金，于是，她就把这些信用卡都派上了用场，而且，还当时给各银行打电话，要求提高临时额度和永久额度，她的招商银行信用卡，由于持卡年限已经很久了，现在额度25000元，但银行当时就将其永久额度提高到50000元。这一下就解决了她的燃眉之急。大笔的资金，如果找人借的话，一是借钱的口不好开，二是一下借来这么多钱也不是太容易。

值得注意的是，如果是用信用卡刷自己公司的POS机，那额度最好控制一下，不要一次性刷太多，或者超越平时正常刷卡金额太多，否则银联可能会怀疑您有套现的嫌疑而找上门来。可以分次分几天来刷。如果万一找上门来，一般您跟他们说清楚刷卡的用途就可以了。

如果要申请多家银行的信用卡的话，可以把建设银行的信用卡放在前面申请。因为建行对信用卡大于5张，且总额度使用率超过80%的客户，审批较严，一般是很难申请到的。

但需要提醒的是，持卡人拥有信用卡后，必须要保持良好的信用记录，要做到按时还款、诚实消费。其次，要明白信用卡从本质上说是一种支付工具，是用来消费的。持卡人将信用卡的提前消费、延时还款功能加以利用而缓解当前的资金压力是可能的，但由于信用卡的还款期最长只有50天，这么短时间内的资金占用能带来的收益必定也很有限。

三、如何选择信用卡？哪家银行的信用卡最好？

随着人们消费水平不断提高，作为消费工具之一的信用卡也迅速普及。那么，面对如此繁多的信用卡品种该如何选择呢？一般可以从以下几个方面进行考虑。

首先当然是服务。完善优质的服务是您放心、顺心用卡的关键。例如良好的客服电话服务质量、多样的网上银行相关服务项目，以及紧急补卡、补现，临时或长期增加信用额等相关业务办理的方便快捷等。

其次是还款便利。选择网点设置较多、设备较全、能提供多种还款渠道的发卡机构，可免除您还款不便的后顾之忧。理财师建议，选择可关联银行账户进行自动还款的信用卡，还款更快更便利。

第三是安全保障。用卡安全一直是消费者关心的问题，因此很多人选择密码加签名的交易确认方式，然而按照国际通行做法，境外消费都是只凭签名。因此信用卡具备即时交易短信提醒、信用卡盗用保障、即时挂失等功能也是安全用卡的保证。

第四是增值服务。除各基本功能外，信用卡的附加功能如赠送保险保障、优惠商户购物折扣、享受机场 VIP 通道或银行 VIP 服务等，均使信用卡的功能更加强大。

最后是积分计划。各银行为鼓励消费者使用本行信用卡，纷纷推出积分奖励计划。信用卡与现金交易最大的不同，在于可利用银行积分奖励计划换取相应礼品。由于各银行积分比例不同，选择积分奖励计划较好的信用卡，对消费者也十分重要。

总而言之，信用卡作为一种支付工具，消费者应选择网点多、设备全、服务好、效率高、使用方便的发卡机构的信用卡，方可使您刷得满意，刷得放心。

到底哪家银行的信用卡最好，并没有一个统一的答案，这要看每个人的需求，以下是各银行信用卡的优缺点的一个简要描述，可供您在选择信用卡时参考。

1. 招商银行信用卡

优点：申办门槛较低，积分永久有效；网银功能强，操作方便，支持支付宝；经常有超值的团购商品，活动和花样比较多；一卡通功能不错，理财各方面也不错；所有卡合一个账单（还款方便）；卡片种类多，图案设计美观。

缺点：积分政策非常不人性（20 元积一分，不计零头）；免息期所有发卡行中最短，最短是 18 天；所有卡合一个账单（不灵活）；网付限额太低（500 元）。

总结：适合于比较看重服务，不看重积分的朋友。

2. 交通银行信用卡

优点：申请门槛低，提额较快；56 天超长免息期；可以百分百提现；支持支付宝，网付限额 10000 元。

缺点：分期操作比较繁琐；各张卡需要分别还款，不会自动统计所有卡的消费总和；积分不是永久有效。

总结：如果经常买家电的话，“苏宁卡”还不错，双倍苏宁积分。

3. 中国工商银行信用卡

优点：全国有 3 万多家网点，是目前中国网点最多的银行之一；支持支付宝，而且可以做到无限额（其限额为 U 盾每日支付上限，为 50 万元，近乎无上限了）；本地取现无手续费；不同品牌的国际卡额度独立。

缺点：申办门槛太高，额度一直太低，最近似乎有些放开。

总结：适合于当地没有股份制商业银行和经常喜欢透支取现的朋友。

4. 中国建设银行信用卡

优点：网络点多；相对其他3家国有银行，申请门槛较低；取现手续费较低（0.5%），透支取现支持最低还款。

缺点：额度普遍偏低，提额缓慢；各张卡需要分别还款，不会自动统计所有卡的消费总和。

总结：适合于当地没有股份制商业银行的朋友。

5. 中国银行信用卡

优点：1985年开始发卡，是中国最早的信用卡发卡行；透支取现算积分。

缺点：销户还要去营业网点；额度低，提升额度不容易；800只给长城国际卡用；不支持支付宝；透支取现不支持最低还款。

6. 中国农业银行信用卡

优点：网点多，尤其广大农村地区网点多，是其传统优势；56天超长免息期。

缺点：申请门槛高，周期长，额度普遍偏低。

总结：适合于当地没有股份制商业银行的朋友。

7. 上海浦东发展银行信用卡

优点：金卡可以在境外享受“花旗银行CITIBANK”

的特约商户服务；可以印照片；活动赠送礼品价值较高。

缺点：网点少；申办门槛高；要消费一定的金额才能免年费（普卡一年刷满 2000 元，金卡 5000 元）；透支取现手续费高（3%，最低 30 元）。

总结：感觉浦发每种卡外观都比较时尚，适合收藏之用。

8. 中国民生银行信用卡

优点：积分价值高；分期不占额度；还有商旅预定（宾馆和饭店）相当不错；ID 卡很有个性，就是要制卡费；取现无手续费。

缺点：网点少；支持支付宝，每次不超过 1000 元，每天不超过 5000 元。

总结：适合于对积分比较看重的朋友。金卡申请挺容易申请和方便的。

9. 兴业银行信用卡

优点：支持“财付通”还款；“金卡”可以享受机场贵宾厅服务。

缺点：无 800 和 400 客服；网点少；歧视农业户口和男性；不支持网上购物。

总结：适合经常坐飞机，又不想出白金卡年费的朋友。

10. 广东发展银行信用卡

优点：用半年后可以百分百提现；56 天超长免息期；“样样行”分期起点较低（只要 500 元）；有 48 小时失卡

保障；支持支付宝。

缺点：无 800 和 400 电话，而且客服电话都是由各地分行设立；网点少。

总结：适合喜欢全额提现和低起点分期的朋友。

11. 中信银行信用卡

优点：容易申请；有 400 电话；分期额度比较高（最高能达到 5 倍）且不占额度；支持支付宝；网上银行的操作与界面非常简单、方便。

缺点：网点少；客服态度一般；千万别忘了还款，欠款一次 30 元！

总结：适合有需要分期套现，到国美、苏宁买电器和经常出国旅游的朋友。

12. 深圳发展银行信用卡

优点："沃尔玛畅想卡"觉得还可以；国际卡和国内卡额度分开；对不太合理的费用，您打电话过去申诉，有时可以给免掉，甚至主动给免掉。

缺点：额度普遍较低；网点少；800 电话没有；刷够 18 次才能免年费；如果有一次未及时还款，则之后的刷卡消费不享受免息期！

总结：适合常去沃尔玛购物的朋友。

13. 中国光大银行信用卡

优点：刷 3 次就可免年费；福卡小卡可以自动分 12 期（当然要收手续费）。

缺点：无 800 电话；8 元积一分，积分目前还不能换礼；网点少；卡多的人（超过 6 家银行信用卡的）基本不批。

总结：适合做收藏之用。

14. 平安银行

优点：如果获批准，额度比较高。

缺点：卡的申请象是中彩票，感觉没个谱。据说如果在平安没有业务，很难申请到。不过，如有推销人员主动找上门的时候，申请又非常容易。网点比较少，在有些地区好比北京根本就没有网点，还款得通过网上银行等途径。

总结：适合在平安有业务的人申请。一般申请第一张信用卡的，当不必将其作为优先考虑。

四、信用卡申请未获通过的原因是什么？我可以从银行得知具体原因吗？

日常生活中，申请信用卡是很常见的，被信用卡中心拒绝发信用卡也是很正常的，申请信用卡失败一般有以下一些原因：

1. 不符合发卡条件

很多用户在申卡时，未仔细看申请条件。很多信用卡是有申请条件的，比如学生卡、女性卡、会员卡或有年龄限制，这些问题会直接导致申卡被拒。

2. 有不良信用记录

银行接到信用卡申请之后，会通过征信平台查询申请人的信用记录。如果信用记录良好，则信用卡被批准的可能性较大。现在的征信平台可以查到申请人的很多资料，好比社保情况，由此可以查到之前曾经工作过的单位，如果您是民营企业的投资者或者法人代表，银行也是可以查到的。

3. 银行评分不达标

银行采用评分系统给用户自动打分，达到银行设定的分数线以上才能批卡，没有达到的则拒卡。用户收到的“因综合评分不足，拒绝发卡”的通知，即指这个评分。

一般银行倾向于发给有公积金账户的、国有企业、事业单位员工，而且额度一般比较高。尤其对本行的员工，信用卡发放都比较慷慨，基本能拿到白金卡。一些民营企业的老板有时都不一定能够申请下来。

4. 申请资料少

申卡人必须注意申请资料的真实性与完整性，这是银行批卡的重要依据。首次申请信用卡时，这些资料尤为重要。比如，有房有车能提交购房合同、车辆行驶证等批准的概率就较大；如果只有身份证复印件之类的简单材料批准的概率就小。有时候，提交的材料比较少，可能是受咨询人员的误导所致，好比本来是需要收入证明的，她告诉你不需要，这种情况可以再把材料准备比较齐全，再次申请。

5. 申请卡的级别过高

有的卡级别比较高，如钛金信用卡。上来就申请这个，难度当然比较大。虽然在申请表中的选项里勾选了如不成功，可接受金卡或者普卡之类的选项，但银行一般似乎不看这个选项，不符合条件的直接就给拒掉了。

6. 已经申请的信用卡数量较多且额度使用率高

好比光大银行、建设银行等，对已申办信用卡数量超过 5 张，且总额度使用率超过 80% 的客户，拒绝的情况比较多。

7. 在申请机构没有相应的业务

例如平安银行，一般对在平安集团有业务往来，如买过保险的客户，似乎有所倾斜。对没有业务的客户，拒绝的情况非常多。对有业务往来的，当然也不是来者不拒，不成功的例子也有不少。

如果申请不成功，可不可以打客服热线问到原因呢？一般来说，失败的原因客服是不会透露给您的。

案例：我申请不成功是为哪般？

去年招行推销人员到公司来推销招商银行信用卡，我申请了，可是等了两个月其他同事申请的信用卡都下来了，唯独我的没有，打 800 查询得到的答复是综合评分不够，没能申请成功，打电话问推销员是什么原因，他也不清楚，让我再写一张申请单试试，结果还是没能申请成功。到年底了，发现还是需要一张信用卡，于是准备好充分的证明文件：身份证明、工作证明、收入证明，自己到招商银行的网点去申请，结果还是一样的答复，综合评分不够。多方查找原因未果。年底回家过年家里让去更换办理第二代身份证，到公安局办理时被告知身份证号为重号需要给我改一个新的号码，我晕！身份证用了快10年了才发现号是重的。我想问一下申请两次失败的原因有没有可能是身份证重号。这样我可以在新的身份证下来以后再次去申请。

分析：身份证重号的事情，不时发生。对此，深表同情和关注。不过，就信用卡信审这个问题，确实是需要以身份证为依据来查询申请人的个人征信纪录的，而且信审这一部分各大银行有保密，所以你仔细问也问不出个究竟来，一般只会大体告诉你个原因，一般原因就是综合评分不够。到底不够在哪儿？如何做进一步努力呢？一般是无可奉告！不会告诉你具体的原因，这也是银行的防范措施，如果这个环节完全公开，那么就可以有人利用反向的措施来伪造材料申办信用卡进行恶意透支。就这个案例，有如下建议：（1）再次使用新身份证申办招行信用卡；（2）如还是未获批即致电招行，提出相关投诉，这个流程比较繁琐，但如果你觉得确实很需要一张招行卡的话，可以一试；（3）你可以试试申办其他银行的卡片，比如工农中建，然后在用卡一段时间后再申办招行的卡片，在申办的时候可以提供这张卡的还款单据等等，以此可以提高自己的综合评分。

五、如果没房没车，如何申请额度尽可能高一些的信用卡呢？

信用卡新人前期不建议申请很多信用卡，卡求少求精。把一张卡养肥以后以卡办卡，他行的信用额度自然提升上去。

第一张卡，以四大银行为首选。四大银行里最应该选择的是工行，因为只有它的卡可以合并额度。可是新人没房没车甚至没工作，一般工行办的都是普及卡，有一个办法让你办最少 1 万元额度的卡，那就是理财金。

用借记卡，在 POS 机上刷够 5 万 ~20 万元，就会成为双 5 星，零开理财金。

理财金有了，接下来就简单了。用理财金办至少工行 5 张独立额度的信用卡，然后进行合并。马上，一张 5 万元金卡就有了。

用这张 5 万元金卡去以卡办卡申请他行信用卡，几十万元额度就有了。

整个流程合理合法，大概需要 1 年左右，各行金卡都在 3 万 ~5 万元吧，这个水平基本就很不错了。如果有更高的要求就慢慢把它们养成白金卡吧，当然白金卡一般都要收一笔不菲的年费的。

六、如何设置银行卡密码？

1. 设置密码

设置密码时要设置易于记忆难以破译的密码，例如，将“北京奥运会”的笔画“581276”设为密码。不可设置简单数字排列的密码或用生日日期、电话号等有关个人信息的数字作为密码，以防被不法分子破译。

2. 保管密码

不要将密码写在或保存在任何可能让他人看到或得到的地方。不要将密码存放在手机里，更不要写在银行卡背面。千万不要将密码与银行卡放在一起。确保只有您本人知道密码。谨防不法分子冒充银行和公安机关工作人员骗取密码。如果要保存电子版本的密码，请不要把存有密码的文档放在电脑的固定硬盘上，可以保存在U盘里，平时不用的时候将U盘从电脑上取下。

3. 使用密码

刷卡进入自助银行的门禁无须输入密码。留意自助银行门禁以及ATM上是否有多余的装置或摄像头，ATM密码键盘是否有改装痕迹。输入密码时，应用另一只手或身体挡住操作手势，防止其他人或针孔摄像机偷窥。如果您发觉密码被偷窥，请立即修改密码或联系银行办理密码挂失。

七、信用卡消费使用密码好还是签名好？

案例：某人有10张信用卡，都是用的签名付款。因为他认为如果用密码加签名，他就有保护密码的责任，一旦卡丢失被盗刷，银行就会认为是他本人在消费；如果他用签名那么他的卡被盗刷，收单的字不是他签的，而他的卡背面是留有签名的，就不会是他的责任了，是商户没有核对签名，他可以要求商户赔偿。

这么想到底对不对呢？首先，这个想法是正确的。目前各银行确实是这么规定的。

目前中国各银行信用卡消费只有一种：一种只凭签名，另一种是签名加密码。签名是必须的，并无只凭密码这种情况。信用卡如果被盗刷，如果是签名加密码的情况，那银行就认为你自己没保管好密码，是你自己的责任。虽然银行和商户其实也都有责任，因为是签名加密码嘛，密码我没保管好，可签名你总有义务核对吧？不过银行目前既然这么规定的，我们只能去遵守和适应。如果仅凭签名的话，那银行方面的责任就不好推卸了。

本来，国外信用卡使用的惯例，都是凭签名消费，我们国家出于安全性方面的考虑，加上了密码的保护功能。

就我个人的用卡习惯，喜欢只凭签名消费，这样一是卡片使用其实很安了，二是更方便了。好比在饭店就餐后付款，把卡片交给服务员，让她去收银台办理，告诉她没有密码就行了，否则我自己还得跟过去，有些不便。同时，我将这张信用卡开通短信提醒，每笔消费都有短信发到我的手机，可以随时核对，另外签单的时候，注意核对一下金额，这样，消费其实就没有太大的安全性问题了。

曾有信用卡被胁迫盗刷的案件，刘先生的两张信用卡被疯狂盗刷，一小时内，他的两张信用卡刷卡消费超过了5万元，直到信用额度用完为止。然而，卡主按照该银行的失卡保障业务办理程序，向银行提交了失卡保障受理表后，银行以“在被挟持的情况下主动交卡后被盗刷，不属于失卡保障范围”为由拒绝补偿。

根据相关法律条文，如《银行卡业务运作规章》规定：特约商户在受理信用卡时，“必须核对持卡人签名是否与银行卡背面签名条内的签名”一致，否则可视为“无效交易单据”。

《银行卡业务管理办法》第三十九条规定：发卡银行依据密码等电子信息为持卡人办理的存取款、转账结算等各类交易所产生的电子信息记录，均为该项交易的有效凭据。

领取信用卡后，马上签上姓名，并且签名宜有特色，不宜使用正楷签名；持卡人消费时，不要将信用卡交给收银员去处理，应尽量自己到柜台当面刷卡结账，或者不愿意亲自去的话，那应该开通短信提醒功能。

事实上，查阅多家银行的信用卡章程都可以发现类似规定：凡使用密码进行的交易，发卡机构均视为持卡人本人所为，依据密码等电子信息为持卡人办理的存取款、转账结算等各类交易，交易所产生的电子信息记录均为该项交易的有效凭据。

这意味着，即便持卡人在被胁迫下或者无意中向其他人透露了自己的信用卡密码，遭遇盗刷的损失都将算在持卡人头上，并不属于失卡保障范围，银行不给予任何补偿。

而对于“凡未使用密码进行的交易，则记载有持卡人签名的交易凭证及发卡机构与持卡人约定的其他证明文件，或经确认证明持卡人本人消费的其他依据，为该项交易完成的有效凭证。”即如果只使用签名，那么非持卡人签名的交易将视为无效。

另外，有的银行推出了失卡保障，但这对于使用密码的交易却不予补偿。

包括招行、广发等部分银行推出失卡保障，对挂失前限定时间内因非密码交易产生的损失给予补偿。

失卡保障，就是对挂失前限定时间内的非密码交易给予补偿，也就是说，如果只采用签名消费，持卡人还有望获得发卡银行补偿。

招商银行的“失卡万全保障”称，在挂失前 48 小时内、非密码交易的冒用损失，将由招行分担，金卡持卡人每年保障金额最高达 15000 元，普卡为 10000 元。广发银行也称，客户在失卡后，经过及时向银行挂失和履行相关的手续，可以在一定范围内无须承担其报失前 48 小时内所发生的卡片被盗用损失。

但此类保障声明中都明确表示，使用密码的交易不予保障，失卡保障也只保非密码交易。

八、如何使用银行卡购物消费?

购物消费，都必须要付款结算。持卡人使用银行卡购物、消费以前，一定要明确自己手中的银行卡的种类，特别是贷记卡、准贷记卡和借记卡的区别。使用不同种类的银行卡结算，在 POS 机上刷卡结算的要求是不同的。

1. 使用银行卡结算的操作程序

持卡人在特约商户挑选好商品或者选择好服务项目后，结账时将银行卡交给收银台的收款员。收款员查验银行卡，有些特约商户的收款员还要求出示身份证，如果彩照卡则不需交验身份证。收款员对银行卡、持卡人或身份证进行审查后，在确认银行卡的有效性与持卡人的真实性后，在 POS 机上刷卡。

收款员刷卡后，输入交易金额，然后要求持卡人输入密码。如果使用借记卡结算的，必须输入交易密码，否则不能使用银行卡进行结算。如果使用贷记卡（准贷记卡）进行结算的，主要看持卡人申请时是否与发卡银行约定交易时使用密码。如果持卡人申请时已经与发卡银行约定使用密码的，就必须使用密码进行结算，否则，计算机结算系统将自动拒绝使用；如果持卡人申请时没有与发卡银行约定使用密码的，就可以不使用密码进行结算，但是最好装模作样地输入六位数字，以增加防范功能。如果有的持卡人怕麻烦，就可以直接按回车键即可。

收款员需要等待 POS 机的反应。如果 POS 机通过交易授权，收款员用打印机将签购单打出，一式三份。当收款员将签购单交持卡人核对、签名时，持卡人应当认真核对交易金额是否正确、清晰，金额是否与购买商品或消费金额一致，然后在签购单上面签字，签字的笔体应当和卡后面签名条上面的签字基本一样。签购单一经持卡人签字认可，持卡人就必须支付这笔费用，而不管金额正确与否。

收款员将签购单三联分开，一联交持卡人保存（一般是中间那联），一联特约商户财务结账做收款的原始凭证，一联在规定的期限内由财务部门统一汇总，并且填写一式三联的总计单，一并交给收单银行。

持卡人在收款员处理完毕后，领取签购单、取回银行卡、身份证件等，妥善保管。待发卡银行发来对账单时进行比对、复核。

收单银行收到特约商户待签购单，核对无误，垫付资金转账给特约商户后，再通过银行卡的结算组织与发卡银行结算收回款项。发卡银行对收单银行划来的联行报单及附件进行审核后，借记持卡人的备用金账户。

持卡人在到期还款日前，全额还款的，享受免息；如果持卡人在到期还款日前未足额还款的，应当按照最低还额先偿还一部分，一般最低还款额为透支额度的10%，未偿还部分将不再享受免息待遇，按照每日万分之五的标准支付透支利息，至下一个到期还款日应当偿还全部欠款。如果在下一个到期还款日还不能偿还全部欠款时，除了按照每日万分之五的标准支付透支利息，同时持卡人还要按照未还款金额的百分之五支付滞纳金。如果第三个到期还款日还不能全部偿还欠款时，发卡银行将停止该银行卡的使用。

2. 使用银行卡购物、消费的注意事项

使用银行卡购物、消费，不用考虑本地、外地的问题，跨行使用、跨地区使用、甚至是跨国度使用都同样不收手续费。

购物、消费最好使用贷记卡结算。在不收利息、不收手续费的情况下，持卡人可以最长56天再还款，就如同白用了发卡银行56天的贷款，精明的持卡人一般都会在免息期内进行还款的。

如果使用贷记卡购物、消费时，应当明确知道该卡的信用额度，最好不要超过信用额度使用；如果使用借记卡购物、消费时，应当明确知道卡里的存款金额，卡里没有钱是不能使用的；如果使用准贷记卡购物、消费，最好卡里有钱，否则准贷记卡透支购物消费是按照每日万分之五计息的，很不划算！

收款员刷卡时，持卡人应当将注意力高度集中，不能让银行卡离开你的视线，以防不测。持卡人应当特别注意收款员的动作，收款员只能在POS机上刷卡，不能在其他任何设备上刷卡，收款员不应当有拿着银行卡哈腰、系鞋带等动作，防止收款员趁人不备时使用盗码器窃取银行卡信息。

为防止重复刷卡，可以开通短信提醒功能，让每一笔支出或者某个金额以上的支出都以短信形式通知到您的手机上，这样就更增加了一份用卡安全。

收款员打印签购单时，持卡人应当往意收款员是否存在重复打印的现象。如果是打印机故障导致签购单打印作废的，持卡人应当要求收款员当面销毁作废的签购单或者注明“作废”字样，然后再重新压印或打印一份新的签购单，防止卡号等持卡人信息流失或者造成重复结算收款的后果。

九、通过银行卡存款时应注意哪些事项?

存款的途径有两条，一是通过银行营业网点的柜台存款，二是通过自助设备存款。

自助设备区分为 ATM 机（自动柜员机）或自助银行。自助银行一般备有 ATM 机（自动柜员机）、CRS 机（自动存取款机）、CDM 机（自动存款机）、自助查询机、自助缴费机等银行自助服务设备，有的自助银行还有 IC 卡圈存机、自助金库、存折打印机等。这些设备由您直接操作，它们能为您提供各种传统的柜台服务、创新的金融服务及增值的金融服务。具体说，自助银行可以提供的服务有银行卡取款、存款业务；银行卡账户查询和历史交易查询；存折交易记录的补登；转账业务；信用卡还款；修改密码；自助查询终端缴费和 IC 卡自助充值等。

自助银行有时也有银行工作人员，他们仅在必要时应您的要求提供帮助，自助银行虽然也需要您亲临现场，但无须在柜台前排队，更没有时间上的限制，可以提供 24 小时 ×7 天的全天候服务。自助银行使得银行卡可以更充分地发挥其优势，若没有银行卡，那存取款就只能在银行营业时间上柜台找柜台人员办理了。

本地同行存款一般不收费。

异地同行存款一般是收费的，各发卡银行的收费标准也有差异。如中国工商银行的牡丹灵通卡，异地存款及转账存入手续费按照金额的0.5%收取，最低1元，最高50元，“理财金账户”客户异地存款免费。又如中国农业银行的金穗借记卡，在省内异地存款，按照交易金额的0.5%收费，最低1元，最高50元；跨省异地存款，按照交易金额的0.5%收费，最低1元，最高100元。再如中国邮政储蓄银行对于异地存取款业务收费标准是省内每笔按存取款金额0.3%，省外按存取款金额0.5%，每笔存取款业务最低收费不少于2元，每笔存款最高收费不超过20元，每笔取款最高收费不超过50元。

存款时应该注意：存款应当使用借记卡或者准贷记卡，不应当使用贷记卡。因为使用贷记卡账户存款，发卡银行不计付利息，取款提现时一律收取手续费，不区别个人存款还是透支提现。使用贷记卡存款，不仅不能使原有存款增值，取款时还要支付手续费。因此，人们为了给贷记卡的透支还款才不得不往贷记卡账户中存款，一般情况下不要往贷记卡里存款。

存款应当注意本地和外地的问题。本地，是指借记卡或者准贷记卡的申请地。外地，是指借记卡和准贷记卡申请地以外的地方。虽然银行卡可以在全国范内通存通兑，但是，本地卡存款一般不收费的，外地卡存款一般是收费的。因此，如果有子女在外地读书，经常发生异地存款取款的情况，就应当认真考虑到底在哪里申请卡的支出费用更低廉了。一般说来，在经常取款地申请卡更加经济一些。

十、通过银行卡取款时应注意哪些事项?

取款和存款一样也有两条途径,一是通过银行营业网点的柜台取款,二是通过自助银行存款。自助银行取款是通过ATM机(自动柜员机)和CRS机(自动存取款机)完成的。

(一)取款的操作程序途径

1. 在发卡银行取款

同行可以同城取款,同行也可以异地取款,一般不能异地跨行取款。持卡人到发卡银行取款,应填写取款单,交银行经办人员。银行柜面人员接到持卡人交入的取款单后,先应审查持卡人银行卡的种类,贷记卡和准贷记卡审查其信用额度,借记卡审查其账户内备用金是否有足够的存款,审查通过以后,则用打印机或压印机将取款金额及银行卡的有关信息压印在取款单上,然后持卡人签字,经审核与复核后,在取款单上盖付讫章,付给持卡人现金并借记银行卡备用金账户。

2. 在自助设备取款

可以跨行、可以异地,只要按照ATM机(自动取款机)或者CDM机(自动存款机)的界面提示操作即可。

(二)取款的收费

在银行柜台或者通过自助设备提现,同城同行一般不收费。

持卡人在ATM机上跨行取现(同城),每笔交易收取

2~4 元的手续费。

异地提现的手续费一般比较高，如中国工商银行的牡丹灵通卡，异地取现及转账的手续费按照金额的1%收取，最低1元，最高50元。“理财金账户”客户异地取现手续费优惠50%。人民币卡在境外ATM机取现手续费按照金额的1%+12元人民币收取，最低13元，最高62元。又如交通银行的太平洋卡在外地提现每笔须按交易金额的1%支付手续费，最低10元。有的银行卡还提供异地紧急取现业务。当持卡人在异地将银行卡、身份证件遗失，可以到银行受理网点申办紧急取现。此时，持卡人应向银行业务人员提供银行卡的卡号、身份证件号码和其他要求的资料，经发卡银行确认并授权后，为持卡人办理紧急取现。但紧急取现业务一般仅限一次，并有金额限制，有的银行还收取较高手续费，如金穗信用卡可办理不超过2000元的紧急取现，收取2%的手续费。

取款的注意事项

1. 一般不应当使用贷记卡取款提现。使用贷记卡取款提现，如果属于持卡人的账户存款，只收取款提现金额1%-3%的手续费，不收利息。如果是透支取款提现，则不仅收取手续费，还要每日按照提现金额的万分之五收取利息，日利率万分之五折合成年利率高达18%，要比银行的正常贷款高得多。

2. 注意取款提现的金额。根据中国人民银行《银行卡业务管理办法》的有关规定，贷记卡取现应当每笔授权，每卡每日累计取现不得超过2000元人民币。借记卡在自动柜员（ATM机）取款设定交易上限，每卡每日累计提款不得超过5000元人民币。

根据中国人民银行《关于大额现金支付管理的通知》的有关规定，改进储蓄账户现金支付管理，一日一次性从储蓄账户提取现金5万元（不含5万元）以上的，储蓄机构柜台人员应请取款人提供有效身份证件，并经储蓄机构负责人核实后予以支付。其中一次性提取现金20万元（含20万元）以上的，应请取款人必须至少提前1天以电话等方式预约，以便银行准备现金。对一日一次性超过5万元以上的提现或一日数次累计超过5万元以上的提现，银行内部要逐笔登记，妥善保管有关资料，并按月向人民银行当地分支机构备案。

单位卡，一律不得提取现金。

3. 注意输入密码。取款提现是必须输入密码的，无论是借记卡、准贷记卡，还是贷记卡，无论是在银行柜台，还是在自助设备上，因此，持卡人应当牢牢记住密码。

为了防止有人冒用银行卡，银行都会在自助设备上设置密码输入错误的次数限制，密码错误超过规定次数，您的卡片或账户会被临时锁住，需要您及时到柜台上出示本人有效身份证件后才能解锁。

持卡人在取款提现及任何时候输入密码时都必须注意防“窥”。在ATM机等自助设备上进行操作时，请务必注意查看插卡口、出钞口、键盘及机器其他部位是否加装或粘贴异物，机身颜色及表面结构是否一致，防范不法分子在自助设备上面非法安装摄像头窃取银行卡等卡号和密码；对于路边的 ATM 机，还应当注意观察对面及周边地区，以防不法分子安装远程摄像窃取持卡人的卡号和密码等信息资料；在排队取款提现时，应当和后面的人保持距离，必要时提醒其站在一米线以外，防止有人进行窥视。对于各种可疑现象请立即向银行反映。出于安全方面的考虑，银行柜台、正常的自助设备本身和周围都装有监控器和摄像头，但这些摄像头的角度不会监控设备上的密码键盘，您在正常的自助设备上无须担心密码被银行获知。

4. 在自助设备上取款交易时，一定要及时将机器中吐出的现金和卡清点收妥。银行为防止客户遗落现金和卡，都会在自助设备上设定时间限制，超过规定时间没有将现金和卡取走，设备会自动收回，您需要与银行联系解决。

5. 如发现 ATM 机已扣款、但未吐钞时，应凭 ATM 机输出的《客户通知书》、您的有效征件及时到 ATM 机管辖银行网点或拨打 ATM 机管辖银行网点公布的服务热线请求帮助。

十一、用信用卡透支应注意哪些事项？

透支，是指贷记卡或者准贷记卡的持卡人，在卡里没有钱的情况下仍然可以使用其购物、消费和提现的行为。

透支使用贷记卡和准贷记卡，是银行给商家进行了垫付，是银行给持卡人发放了消费贷款，持卡人在一定期限内归还银行贷款，这就是消费信用在贷记卡和准贷记卡身上的具体表现。借记卡不允许透支，因此不能叫做信用卡，借记卡身上不存在任何信用的成分。

要做到合理透支，经济实惠，有几个具体环节必须明确。

1. 信用额度

信用额度，是指发卡银行在批准发放贷记卡或者准贷记卡时给予的一个最高透支的限额。贷记卡和准贷记卡都有一定信用额度，借记卡没有信用额度。

信用额度是依据持卡人申请信用卡时所填写的资料和提供的相关证明文件综合评定核定的，如果持卡人的工作稳定、学历较高或有一定职务就可能会申请到较高的信用额度。信用额度将由发卡银行根据持卡人的用卡情况和资信状况的变化定期进行调整，但持卡人也可以主动提供相关的财力证明要求调整信用额度。此外，当您在出国旅游、乔迁新居等情况下还可以要求调高临时信用额度。

主卡、附属卡共享同一额度。一般情况下，双币种的贷记卡信用额度中人民币额度和美元额度是可以互相换算的，例如：您的额度是30000元人民币，当你在境外用卡时，您的信用额度就大约等值于3600美元。信用额度一般是循环使用的。持卡人进行透支消费后，只要在发卡银行要求的时间内偿还全部或部分透支款，其信用额度即可相应恢复，并可继续使用。

信用额度的高低决定着信用消费即透支额度的大小，

但是，也不是信用额度越高越好，拥有过高的信用额度反而会造成麻烦，一旦卡片丢失或卡号信息丢失被“克隆”，则会留给不法分子相当大的作案空间，对于持卡人来说可能造成更大的风险。所以说，信用额度够用就好。当持卡人在有临时的大额需要时，可以在大额或出境消费前联系信用卡中心，申请临时调高信用额度。

一般情况下，持卡人只能在信用额度内刷卡购物、消费或者提现，超过了信用额度就无法正常获得授权，就不能正常刷卡消费。

为了进行风险控制，对于银行卡的信用额度还有一些限制。根据《银行卡业务管理办法》的规定，同一持卡人单笔透支发生额个人卡不得超过 2 万元（含等值外币）、单位卡不得超过 5 万元（含等值外币）。同一账户月透支余额个人卡不得超过 5 万元（含等值外币），单位卡不得超过发卡银行对该单位综合授信额度的 3%。无综合授信额度可参照的单位，其月透支余额不得超过 10 万元（含等值外币）。外币卡的透支额度不得超过持卡人保证金（含储蓄存单质押金额）的 80%。180 天（含 180 天，下同）以上的月均透支余额不得超过月均总透支余额的 15%。

2. 分期付款

(1) 分期付款的概念。分期付款，是指消费者使用银行发行的贷记卡到特定商户购买商品时，在该银行提供的分期付款期数选择范围内，可按自己的意愿来制定还款计划，将商品总价分成若干期，每月等额向银行支付当期应付货款，直至商品总价清偿完毕为止的一种消费方式。现在各银行的分期付款比较多样、比较灵活，账单分期就是一例。不管持卡人购买什么东西，只要是账单金额、超过一定金额就可以办理分期付款。

分期付款其本质上是银行为消费者提供的个人消费信贷，但形式则较一般的消费信贷更为灵活易行，帮助持卡人用银行的钱，或提前实现消费享受，或解决资金周转不灵之急，或巧妙投资理财。

分期付款是透支使用贷记卡的一种新发展。

（2）分期付款的种类。目前银行的分期付款的种类比较多，第一种，是到银行指定的消费商户处消费或购买银行指定的产品，其手续费相对比较低，但是消费者可选择的商品范围有限，只能通过银行官方网站和专业金融理财公司在网上公布的产品销售列表来选择，这些银行、专业金融理财公司网站大都提供在线销售，可以直接定货；第二种，是没有商户和商品限制的，消费者可以通过使用信用卡刷卡消费实现分期付款，但是这种方式需要负担高一些的手续费；第三种，是专门商品的分期付款，如招商银行的车购易、家装易等。

（3）分期付款的费用。目前我国各大银行正在大力推广信用卡分期付款业务，因此，分期付款一般都是免息的。但是，银行和专业金融理财公司不是慈善机构，在提供分期付款这种促进快速消费业务的同时，也要收取一部分费用，主要是手续费的形式来体现，一般一年 12 期分期还款的手续费为 7% ~8%，其实银行提供的 6 ~12 个月（含一年）的个人消费贷款利率仅为 5.58%，手续费一般提前收取，也就是在还第一期还款的时候收取。值得注意的是，费率虽然按照消费金额的一定比例收取（好比上述的 5.58%），但因为欠款是分期偿还不断减少的，所以分期的真实成本一般比名义的费率要高出很多，大致是名义费率的 2 倍。当然分期付款在手续上要比申请个人消费贷款省事多了。

十二、什么是消费分期？如何申请办理？

信用卡消费分期付款（以下简称“消费分期”）业务是指持卡人在刷卡消费后至最近一期账单日前，致电银行申请将某笔或者某几笔消费金额逐笔分期，在约定期限内按月偿还的业务。

优点：申请该业务的消费可不受商店和商品的限制，只需交易符合银行条件，每月支付一定手续费，即可办理。

适用人群：信用卡主卡持卡人本人

适用条件：持卡人单笔刷卡消费满一定金额以上，如有的行支付宝是人民币 1000 元。

可选期数：可自由选择 3 期、6 期、12 期、18 期、24 期等（每月为一期）。

申请方法：方法一，刷卡消费后至账单日前一定工作日（如3个工作日）期间，致电银行转人工服务，提出消费分期申请；方法二，登录信用卡网上银行（例如兴业银行网上银行，有专门为信用卡设的网银，输入信用卡卡号及查询密码即可），之后点“消费分期”，即可办理。

银行受理申请后可即时或在若干工作日内处理完毕，处理结果将一般以短信告知，持卡人也可在致电服务热线查询。

费率标准：消费分期付款业务手续费率标准不同银行各不相同、不同时期也可能不同，下表是兴业银行目前的收费标准：

分期期数	分期手续费率
3	2.1%
6	3.6%
12	7.2%
18	10.8%
24	14.4%

参考案例：我的兴业银行账单日是每月的18日，最后还款日每月7日，我于2010年10月7日购买了一件30000元的商品，在刷卡后的第4天（10月11日）登录兴业银行办理消费分期。分期期数为24期。我选择的24期分期手续费率为14.4%，因此第一个月还款金额为：$30000\times14.4\%+30000\div12=4320+1250=5570$元，即我只需在11月7日前归还5570元，之后每月的7日前还款1250元即可，而不需再支付其他费用。

十三、消费分期一般有哪些业务规则?

各银行规则大体相似，下面是兴业银行的一些业务规则:

1. 单笔金额达到人民币 500 元及以上、已记账但未出账单的消费交易可通过本行信用卡网上银行及手机银行申请办理消费分期付款业务；单笔金额达到人民币 800 元及以上、已记账但未出账单的消费交易可通过本行信用卡网上银行、手机银行及客服热线 95561 申请办理消费分期付款业务；本行保留核准审批的权利。

2. 持卡人须在消费交易记账后，当期账单日之前（不含当期账单日)，申请办理消费分期付款业务。

3. 申请消费分期付款业务的交易金额须为该单笔交易的全部金额，持卡人不可选择就该笔交易的部分金额申请分期付款。

4. 持卡人可以对多笔交易分别申请消费分期付款业务，但申请的分期期数和金额仍以单笔交易为单位，不能以多笔交易的汇总金额申请分期。

本业务仅限正常使用卡片、信用状况良好、卡片状态正常的主卡持卡人办理，如消费交易产生的卡片为挂失等不正常状态则不能参与本业务；不受理附属卡持卡人自行办理本业务；标准公务卡不参与本业务。

5. 下列交易金额不可申请分期付款:

(1) 取现交易、转账交易、购汇交易、分期付款交易及各项费用（如年费、利息、滞纳金、超限费及其他信用卡收费）；

（2）美元账户交易；

（3）已出账单的消费交易；

（4）本行信用卡中心规定的其他内容。

6. 分期期数、每期应还本金及分期手续费

（1）持卡人可申请的分期期数为3期、6期、12期、18期、24期（每期为一个月）。

（2）每期应还本金等于分期本金总额除以分期期数，精确到分，于分期后第一个账单日开始分摊，在各期账单日逐期入账。

（3）分期手续费等于分期本金总额乘以分期手续费率，在分期后第一个账单日一次性入账。一经收取，不予退还。

（4）每期应还本金、分期手续费将全额计入最低还款额。

7. 持卡人成功申请消费分期付款业务后，原消费交易金额所占额度将被转为分期未还本金继续冻结其额度，冻结额度会随持卡人每期还款而逐期减少，直至持卡人最后一期或提前清偿所有分期余额。

8. 办理消费分期付款业务的原始消费交易根据《兴业银行信用卡积分活动细则》的规定计算积分。消费分期的每月分摊交易不计算积分。

9. 持卡人若按期缴付信用卡账款后仍有多余款项时，

该款项将被视为溢缴款，不会提前清偿分期的本金部分。

10. 持卡人的信用卡已至有效期并获得卡片续期，消费分期业务不因此而终止，将自动转入新续卡片；持卡人若卡片到期不再续卡，分期付款未还欠款将在卡片到期的下一期账单一次性全额下账，持卡人须全额清偿。

持卡人在还款期内需要注销卡片，分期付款未还欠款须先予以清偿。

11. 分期期数更改。持卡人成功办理消费分期业务后，如需要调整分期期数，需在账单日之前（不含账单日）对尚未分摊的消费分期交易进行撤销并重新申请。

12. 撤销。持卡人若要对尚未分摊的消费分期付款交易予以撤销时，需致电本行客服热线 95561 进行申请或在本行信用卡网上银行或手机银行上进行办理。本行信用卡中心保留审批核准的权利。

13. 提前还款。持卡人若要对已分摊的消费分期付款交易提前清偿未偿付的分期余额，需致电本行客服热线 95561 进行申请或在本行信用卡网上银行或手机银行上进行办理，已收取的分期手续费将不予退还。本行信用卡中心保留审批核准的权利。

14. 退货。持卡人与商户间发生退换货等退款情形，已成功办理的消费分期交易不受影响，将继续正常进行。若需要对消费分期交易进行撤销或提前还款，可按照本条款及细则第 15、16 条项进行办理。

15. 本行信用卡中心将在其认为合适的情况下认定

持卡人的账户不再适合进行消费分期付款业务，持卡人的未付分期余额则全部为到期应付，该情况包括但不限于：

（1）信用卡因任何原因被持卡人或本行信用卡中心取消、冻结、终止、已经过期或不被续期（或有关通知已经发出）；

（2）持卡人未能按期缴付任何未付金额或信用卡账户中的任何其他结欠款项；

（3）持卡人违反了兴业银行信用卡的领用合约或本条款及细则中的任何规定；

（4）持卡人已经破产或身故；

（5）本行信用卡中心认为任何可能导致持卡人无法或不履行其在此条款及细则或领用合约下的责任事件已经发生或可能发生。

16. 若本行信用卡中心行使本条款及细则第18条项下的权利时，持卡人的所有未还分期金额视为全部到期。持卡人须立即向本行信用卡中心支付一切信用卡账户之欠款，包括未偿付分期余额和未偿付分期手续费，且前期已经扣收的分期手续费不予退还。

17. 持卡人声明已详尽阅读并完全知晓和承诺遵守本条款及细则，本条款及细则为兴业银行信用卡领用合约的附加条款。

18. 本行信用卡中心在法律许可的范围内保留修改本条款及细则及终止本业务的权利，并通过本行信用卡中心认为合适的方式将此等修改或终止本业务事宜向持卡人公告。

十四、什么是账单分期？

账单分期付款是本行信用卡中心为符合条件的持卡人提供的，对其已出账单提供的分期付款服务。持卡人在交付一定的分期手续费后，可将其已出人民币账单的消费交易金额未还部分的一定比例（好比 90%）按照持卡人申请的期数分期均额偿还。

账单分期，是银行信用卡推出的新型理财功能，可以帮助您按月分期偿还账单中的消费金额，让您的信用卡账单“活”起来。

申请时间：本期账单出来之后，一般是账单日次日至到期还款日前两日之间。例如，您的本期账单日为 4 月 5 日，到期还款日为 4 月 23 日，则申请时间为 4 月 6 日至 4 月 21 日。

申请金额：申请账单分期的金额最高不超过本期新增刷卡消费（不含预借现金、分期付款交易以及其他本行指定的交易）总额的一定比例，很多银行是 90%，当然有的银行目前还不支持账单分期，只支持消费分期；同时账单分期金额累计不超过固定额度的 80%。美元账单和已申请用于购汇的款项不能申请账单分期。

收费标准：以招商银行为例，可以分期的档次及费率如下：

期数	3期	6期	12期
手续费率	2.6%	4.2%	7.2%

手续费=分期本金总额×手续费率，且手续费最低收费额为每笔20元人民币。期数分期本金总额以月为单位平均摊还，余数计入最后一期。分期手续费于账单分期业务申请成功后一次性计入持卡人信用卡账户。

账单分期跟消费分期有什么区别呢？

账单分期区别于消费分期，一是分期的对象不同。账单分期是对整个计账周期的账单金额进行分期，而消费分期是对某一笔或者几笔具体的消费进行分期；二是申请的时间不一样。账单分期因为是对整个账单金额进行分期，所以必须是在账单日之后，而消费分期必须在账单日之前，也就是尚未出账单的时候申请；三是手续费不同。一般来说，账单分期的手续费稍高于消费分期，也就是如果账单周期内只有一笔或几笔大额消费的话，那还是消费分期比较合适；四是分期的金额不同。消费分期可以对某笔消费的整个金额进行分期，而账单分期一般只能对账单金额的一部分进行分期，同时账单分期金额累计不超过固定额度的某个比例（好比招商银行规定不超过80%）。

申请账单分期可以通过拨打银行热线、登录网上银行或者手机银行进行。

十五、账单分期有哪些业务规则？

以招商银行为例：

（1）本业务仅限本行信用卡主卡持卡人申请，仅持有学生卡、商务卡或附属卡的持卡人暂时无法申请。

（2）持卡人须在当期账单日的次日至到期还款日前两日之间，申请账单分期业务。

（3）持卡人此前的最近三个月账单均已按时全额还款，方可申请账单分期业务（其他银行如兴业银行，一般没有这项规定）。

（4）不能申请账单分期的交易有：预借现金交易、分期付款交易及各项费用（如年费、利息、滞纳金及其他信用卡收费）；美元账户交易和已申请用于购汇的款项；未出账单的消费交易以及本行信用卡中心规定的其他交易。

（5）持卡人申请账单分期一经审核通过，不能撤销，不能对分期期数进行更改。

（6）账单分期的申请是否通过，以本行信用卡中心综合评定结果为准。

（7）再次申请账单分期，须距最近一次成功申请账单分期的时间超过30天。

（8）持卡人可申请账单分期的期数为3期、6期及12期，对应的手续费率分别为2.6%、4.2%、7.2%，且手续费最低收费额为每笔20元人民币。

（9）账单分期手续费＝分期本金总额×对应期数的手续费率，手续费于账单分期业务申请成功后一次性计入持卡人信用卡账户。账单分期手续费一经收取，不予退还（分期手续费不退，几乎所有银行都这么规定的）。

（10）账单分期的每期应还本金 = 分期本金总额 ÷ 分期期数，每期应还本金（精确到分）逐月计入持卡人信用卡账户，余数计入最后一期。

（11）持卡人在申请账单分期成功后，当期只需在到期还款日前偿还扣除账单分期金额后的剩余账单金额。如申请成功后持卡人未按时全部偿还当期剩余账单金额，将视为未全额还款，则当期账单不享受消费交易的免息还款期待遇。

（12）持卡人申请账单分期成功后，不会立即恢复信用额度，对应交易所占用的额度会随着每期还款而逐期恢复，直至最后一期或提前清偿所有分期余额。

（13）已成功办理账单分期业务的持卡人，若按期偿还信用卡当期应还账款后仍有多余款项，该款项不会提前清偿下期账单分期应还本金。

（14）账单分期业务的每期应还本金和分期手续费均不计算积分。

（15）若持卡人需在还款期内整户注销信用卡，则已成功办理的账单分期业务中尚未偿还的分期余额须一次性清偿。

（16）若持卡人要对已成功办理的账单分期业务交易提前清偿未偿还的分期款项，须致电本行信用卡中心客服热线进行申请，申请通过后须一次性还清未偿还的分期款项，已收取的分期手续费不予退还。

（17）持卡人对已出账单中的消费交易进行退货处理

时，已办理成功的账单分期业务不受影响，将继续正常使用。

十六、什么是预借现金？如何办理？

预借现金又称取现，是信用卡基本功能之一，该功能为持卡人提供小额现金借款。只要您事先设置交易密码并开通预借现金功能，无须预先存款，即可通过以下渠道完成预借现金：

1. 紧急现金需求：可通过 ATM 机或提供现金服务的机构提取所需现金。使用 ATM 机时请认准银联、VISA、MasterCard、Cirrus 或 JCB 标志。

2. 紧急一卡通支付/转账需求：通过拨打银行热线或登录信用卡网上银行将款项转入您本人名下的借记卡（招行的，可转至一卡通账户）。

预借现金额度

(1) 预借现金额度根据您用卡情况设定，它包含在信用卡的信用额度内，取现的额度一般累计不超过您信用额度的 50%（也有的银行比例比较低），具体额度请致电各银行信用卡中心 24 小时客户服务热线查询；

(2) 招商银行境内每卡每日预借现金（取现）金额累计不超过人民币 2000 元；

(3) 招商银行境外每户每日预借现金（取现）金额累计不超过等值 1000 美元，1 个月内累计不超过等值 5000 美元，6 个月内累计不超过等值 10000 美元。

预借现金（取现）收费标准

手续费：境内人民币预借现金一般按每笔预借现金金额的百分之一计算手续费，最低收费额为每笔10元人民币，境外预借现金按每笔预借现金金额的百分之三计算手续费，最低收费额为每笔30元人民币或3美元（包括港澳台）（手续费及最低收费各银行有差异，使用前请问清楚）。

利息：预借现金交易一般不享受免息还款待遇，由交易日起按日利率万分之五计收利息至清偿日止，按月计收复利。

案例一：即时转账真快捷

Lily：Jason，怎么愁眉苦脸的？

Jason：我想给爸妈换台电视机，可是刚付了房租，卡里面只有3000元了，白天还没时间去汇款！

Lily：那你可以用招行信用卡网银预借现金啊！

Jason：网银预借现金？

Lily：网银预借现金是招行信用卡新推出的预借现金方式噢。登录信用卡网上银行，将需要的现金转到你名下的招行一卡通，再加上那3000元一起转给父母就好啦。而且是立刻到账，让你孝敬父母，时时刻刻，贴心温暖！

Jason：啊？这么方便，那我现在就转账去！

案例二：朋友有难我来帮

Jacky：Lily，借我2000元，家里有急事！

Lily：怎么啦，别着急，唉哟，我也没带钱，但朋友有事怎能不帮忙?

Lily：还好带了招行信用卡，等我几分钟，马上就回来!

十七、如何使用银行卡转账?

转账，是指两个银行卡之间互相转移资金。跨行转账，是指两个银行发行的银行卡之间互相转移资金。

1. 转账的操作程序

跨行转账是可以通过 ATM 机的操作来实现的。转入，一般是持有转入卡在转入行的 ATM 机上完成操作；转出，一般是持有转出卡在转出行的 ATM 机上完成操作。持卡人应当按照 ATM 机界面的提示操作。

2. 转账的注意事项

(1) 转入账户和转出账户的输入一定要准确，否则，会带来不必要的麻烦。

(2) 利用借记卡转账为贷记卡转入款为上策，方便、快捷，但是，尽量不用贷记卡转账转出，因为贷记卡转账转出按照预借现金处理，每日万分之五的利息是比较高的代价。

十八、如何进行银行卡网上支付? 要注意哪些事项?

转账或者支付也可以通过网上银行进行，如果您的银行卡绑定了网上银行，那么把卡内（好比借记卡）的资金通过网上银行转到别的卡里。如果您同时有好几家银行的信用卡需要还款，那可以通过某个借记卡的网上银行来操作，就不必辛苦地跑一家又一家的银行了。不过要适当关注一下费用问题，好比北京兴业银行，光大银行等网上银行的同城跨行转账是不收取费用的，而工商银行等银行是要收取的。同城跨行转账在银行正常营业时间，一般一小时左右就可以到账，非工作时间则要到银行开始营业之后才可以转出。如果着急转出资金，可以使用银联跨行转账(可能需要去柜台开通这个功能，但目前这个功能支持的银行非常有限，需要收款行也要加入银联跨行转账系统)，或者实时转账功能（直接走央行结算系统)，或者不久的将来，可以使用央行的超级网银，实现更强大便捷的实时转账功能。

1. 银行卡网上支付流程

银行卡网上支付是电子商务中资金流的实现形式。电子商务有关参与方包括消费者（持卡人)、商户（公司)和银行，客户运用互联网进行支付时，需要输入银行卡账号和密码，银行确认其合法性进行付款，将款项输入相应商户的账户中。

银行卡因其不同种类而相应有不同的支付系统，包括信用卡类支付系统、借记卡（储蓄卡）类支付系统等，每种支付系统都有自己的特点。信用卡使用已久，目前的支付系统都是建立在金融专用网基础之上的。通过金融专用网的终端，持卡人可以获得身份验证、消费结算、消费信贷、转账结算、通存通兑、自动取款以及代发工资、代理收费等服务，其中标志性的服务当属消费信贷。因此，信用卡支付系统的一大特点就是需要在线实时操作，进行持卡人身份的真实性以及信用额度的验证和处理。

借记卡（储蓄卡）类支付系统中使用的支付工具是储蓄卡，包括存取现金、转账、POS 消费、代理工资及收费等功能，与一定的活期账户对应，实质是活期存折的电子化延伸。借记卡（储蓄卡）类支付系统也是运行在金融专用网之上的，不论是 ATM 机还是 POS 机都是通过专线与银行网络相连。其中的 POS 系统是一种非现金支付系统，消费者将卡插入 POS 终端，输入的数据通过通信线路传输到银行，银行从消费者的账户中支出款项，存入特约商户的账户中。这种 POS 系统一般采取即时支付的方式，也就是说借记卡只代表着一个活期存款账户，任何对卡的操作都必须反映到该账户中，因此也必须采取联机实时操作方式，它与“先消费后付款”的信用卡型支付方式有本质的区别（对信用卡的操作只引起消费信贷的发生，最终账户的结算在消费之后）。

银行卡网上支付流程具体包括以下几个步骤：持卡人网上购物，在网上向商家发出购物申请；决定付款后激活电子钱包，跳转到发卡银行支付页面；在登录窗口输入账号和密码，获得电子钱包时的使用权；持卡人通过银行页面输入银行卡支付信息，支付服务器将支付命令转发给支付网关；支付网关验证后发送给银行卡处理器；收单银行通过银行网络验证信用卡的有效性，将付款确认或拒绝信息通过支付网关转发给商户；网上银行卡支付完成。

2. 网上支付的注意事项

伴随科技的发展，网上支付的功能不断强大，很多业务都可以坐在家里，轻松点击鼠标就办妥了。但是网上支付的安全问题也不能忽视。在网上支付时应当特别注意：

（1）确保电脑安全。在自己家里或者在单位的个人专用电脑中进行网上支付，不应当在公共场合、利用公用的计算机进行网上支付；在电脑上设置复杂的开机密码，安装上防火墙和杀毒软件，并定期更新杀毒软件，防范您的电脑受到恶意攻击或病毒的侵害；完成网银业务或中途离开时，要及时退出网银页面。

（2）确保登录正确的网上银行网站。直接在浏览器中输入银行网站地址进入网站页面，并将该网址添加至收藏夹，方便下次使用，不要通过其他网站链接访问网银网站。

（3）确保密码安全。选择不容易猜测的密码（建议不要使用您的出生日期、电话号码、相同数字、连续数字和身份证号码中前几位或后几位等），以免被有心人士猜中；应当经常修改网上支付的密码（当然前提是您自己要能记得，否则，改来改去自己忘了，又没保存，那就比较麻烦了）；任何时候、任何情况下，不要将账号、密码告诉别人；不要相信任何通过电子邮件、短信、电话等方式索要卡号和密码的行为；将网上银行登录密码和用以对外转账的支付密码设置为不同的密码，多重验证以保证您的资金安全。

(4) 开通银行卡的交易“手机短信通知”功能，这样您卡中任何交易金额的变化都可以收到银行的手机短信通知，更方便监督您的银行卡使用情况。

(5) 在每次进行网上支付前、根据需要设定银行卡的网上支付限额，网上支付结束即取消网上支付限额，控制银行卡的网上支付风险；或者使用一张银行卡，专门用于网上支付。

(6) 定期查询账户余额和明细。如果发现异常交易或账务差错，应及时与银行联系，避免损失。

十九、如何使用银行卡的电话银行？

电话支付，是银行通过电话等声讯设备和电信网络开展的一种电子支付业务。

消费者使用电话（固定电话、小灵通、手机）或其他类似电话的终端设备，通过银行系统就能从个人的银行卡账户里直接完成付款的方式。

电话支付业务也称电话银行业务，电话银行是商业银行的一种新型经营模式。

(一) 电话支付的功能和服务内容

1. 查询

查询是电话支付中最简单、最普遍的功能，也是目前客户使用最多的功能。持卡人经常查询的内容有三个方面：

(1) 账户余额的查询。你打算上街购物，却不知道自己结算卡里到底还有多少现金余额，或者你在单位发薪日却不知道钱有没有打到账户里，再或者有人汇款到你账户里，你不知道有没有到账，都不需要跑到银行网点去，只要拿起电话，账户情况一目了然。

(2) 交易记录的查询。银行账户的近期存款、取款的记录。而且大多数商业银行的电子支付都提供传真服务，如果需要，他们随时可以把交易记录传真给你。

(3) 投资账户的查询。如开放式基金买卖查询、国债交易记录查询、外汇买卖查询、股票交易记录查询等。

此外，还可以查询银行利率、即时汇率、外汇牌价等内容。

电话支付的最大优势是无须注册，只要你拥有该银行的账户，拨打电话支付就能随意使用。而一些公用信息的查询，甚至都无须该银行的账户，众多电话支付中，你只要随便拨打就可以进行查询了。

2. 投资

电话支付的投资功能包括买卖股罨、买卖国债、买卖开放式基金、买卖外汇、买卖黄金、投注福利彩票等。

使用电话支付的这些功能，一般需要先到银行网点进行注册。各家电话支付在投资功能方面参差不齐，各具所长，各有特色。

3. 缴费

如你选择与银行签订代扣代缴协议，那么在每个月，公用事业单位将自动从你的银行账户里扣掉当月费用，你收到的只是每月费用的对账单。但如果你希望减少外出的麻烦，又不太信任每次账单上的费用是否真实，需要核对后再付款，我们建议你还是使用电话支付。

在工商银行、建设银行、农业银行、交通银行、招商银行的电话支付里，你都可以使用这一功能。在收到公用事业费账单之后，经自己核对无误，就可以拨打电话支付，输入公用事业代码完成缴费。

4. 转账

转账也是电话支付的重要功能之一。目前在所有银行的电话支付所开通的转账业务中，不仅包括了本行本地区本人账户下的划转，而且大部分都开通了本行异地非本人之间的账户划转。电话支付的转账业务对于银行的安全性要求较高，许多商业银行都还附加有自己的特殊规定，如招商银行在快易理财服务中，在向第三方转账的业务中增加了口头告知的内容，以此加强安全保障。

5. 其他功能

电话支付还有账户往来明细及历史账目档案、大额现金提现预告、银行留言、银行通知等其他各类指定的服务。

贷款也可以通过电话支付来进行：在招商银行的快易理财里，这一功能就很受关注。不只自助贷款，包括申请贷款、贷款展期、债务转化、还清贷款等各步骤和服务都可以在电话支付里进行。这个服务要更多地依靠电话支付服务人员进行。你需要将希望质押的账户、申请的贷款额和贷款期限口头告知电话支付服务人员，并设置自己的取款密码，在听到确认的提示音之后，这个本来在网点十分复杂的服务项目就轻松结束了。在农业银行的电话支付里，你可以进行福利彩票的投注。通过固定电话投注，市民只需拨打电话选择“电脑福利彩票”项目，输入金穗借记卡账号和密码，即可进行卡自动购买彩票。

浦东发展银行的电话支付具有异地漫游功能，在任何一个开设有浦发银行网点的城市，可以直接拨打当地客服号95528。如上海的客户出差到大连，可以直接拨打当地号码95528，无须拨打上海长途。而多数电话支付还不具有这一功能。

在民生银行的电话支付里，你可以代购机票和预订酒店，不仅可以享受优惠折扣价，并且还开通了北京、上海、深圳、广州等全国24个主要大中城市的免费送票服务。

（二）电话支付的使用

1. 注册

持卡人本人、持身份证原件到发卡银行即可申请开通电话支付业务。持卡人不到发卡银行注册，不得使用电话支付。有的银行，如中国银行、农业银行、工商银行、建设银行等在办理借记卡的同时，只要本人提供有效身份证件，签订《中国银行电话支付服务协议书》，填写《中国银行电话支付服务开销户申请表》，同时设定电话支付服务的密码（密码分查询密码和交易密码），发卡银行发放借记卡时电话支付即刻生效，用户免费使用。

2. 使用

首先，应当知晓有关发卡银行的电话支付特定的服务号码。以下是国内主要商业银行电话支付的接入码：

工商银行 95588

农业银行 95599

中国银行 95566

建设银行 95533

交通银行 95559

招商银行 95555

光大银行 95595

民生银行 95568

中信银行 95558

兴业银行 95561

华夏银行 95577

浦发银行 95528

深发银行 95501

广发银行 95508

浙商银行 95527

邮政银行 95580

其次，接通银行的电话以后，按照语音提示操作即可。如果还有不明白的地方，转人工服务进行咨询。

（三）电话支付的好处

电话支付极大地方便了客户。利用电话这种现代化的通信工具，把客户与银行紧密相连，客户不必去银行，只要通过拨通银行的特定电话号码，跟随语音提示操作，就可以不受时空、设备的限制享受到查询、投资、缴费、转账、外汇买卖、挂失、咨询等一系列金融服务。

（四）电话支付的注意事项

（1）注意不要在陌生的环境或陌生的电话机上使用电话支付，特别注意不要使用经其他号码连接后的“电话支付服务”。目前国内电话支付服务主要有两类：一种是各家银行使用的全行统一客户服务电话；另一种是当地分支机构或营业网点正式公布的可供客户咨询、办理有关业务的电话号码，建议持卡人使用卡片背面的统一客服电话。由于在电话支付使用过程中，账号和密码是通过拨号键盘输入的，在陌生的环境或陌生的电话机上可能会泄露你的相关信息。

（2）不要在国际互联网上用 IP 方式使用电话支付。如果身在异地或者身在异国，你都可以通过区号加电话支付号码使用其服务，你还可以使用网上银行。

（3）尽量不使用带有自动号码存储功能的电话机，避免保存在电话机中的账户信息被他人盗用，造成经济损失。如果你使用了带有自动号码存储功能的电话机，请在使用完电话支付后立即清除存储信息，在使用完电话支付挂机后最好再随便拨几个号码，以防被人用重拨键调出上一次拨号键盘输入的账户信息。

（4）不要将电话支付号码、银行账号、密码存储在电话机快速拨号键中，以防止你的账户资料被他人窃取。

(5) 使用电话支付进行交易，应当注意倾听清楚电话语音提示后才能确认。

(6) 不要在电话里说出你的密码，因为所有电子支付系统密码都是通过拨号键盘输入的，即使接受人工服务时也是如此。即使是一些具有语音识别功能的电话支付服务，也建议你仍使用拨号键盘输入账户密码。

(7) 遇到问题，及时接转人工进行相关咨询。

二十、什么是手机支付？应注意哪些事项？

移动支付，是指使用移动设备通过无线方式完成银行卡支付行为的一种新型的支付方式。移动支付业务是电子支付的一种，移动支付也是商业银行的一种新型经营模式。

移动支付所使用的移动终端可以是手机、PDA、移动PC等、移动POS机等，目前以手机为主，手机不仅是每个人的通信必备，也变成了随时、随地、随身的个人金融支付终端。持卡人可以足不出户，随时随地享受金融支付服务，因此也称手机银行。移动支付业务也称手机银行业务，最早的手机支付是通过短信互动完成银行卡的基本功能，将手机支付与二维码电子回执技术相结合，在手机上实现了航空订票、电子折扣券、礼品券等多种增值业务，完成了数字化产品的支付和消费。新一代的手机支付利用集成在移动终端上的具有非接触功能的IC卡芯片作为支付信息的安全载体，将银行卡和电子钱包信息存储在该安全芯片中，通过非接触通信和无线数据通信技术进行现场和远程的新型支付方式。

1. 手机支付的主要服务内容

2002 年初，移动支付由中国移动通信公司开始在浙江、上海、广东、福建等地进行小额支付试点。2003 年，各地移动通信公司纷纷推出相应的移动支付业务，从年初湖南移动与中国银联长沙分公司推出的银行账号捆绑的手机支付业务，到 9 月份北京移动通信公司推出名为“手机钱包”的手机支付业务，直至到 12 月中上海推出出租车上的银行移动 POS 机。中国的移动支付业务逐渐浮出水面。

近几年，中国移动通过加强产业合作，全面加快了手机钱包业务的开发和市场推广步伐。手机钱包通过把客户的手机号码与银行卡等支付账户进行绑定，随时随地为中国移动手机用户提供移动支付服务。用户可使用手机短信、语音、WAP、K - Java、USSD 等操作方式，管理自己指定的银行卡账户或小额中间账户，并实现从账户中进行扣费。在中国移动支付网站上主要包括手机理财、手机缴费、数字点卡、在线票务、软件服务和保险服务六大类业务。具体包括查缴手机话费、动感地带充值、个人账务查询、购买彩票、手机订报、购买 IP 卡、手机捐款、远程教育、手机投保、公共事业缴费等多项业务。随着用户对移动支付业务需求的不断变化，手机钱包的功能将不断扩展和创新。从消费者的反应来看，目前人们最热衷使用的是查缴话费、个人账务查询以及水、电、气等公共事业缴费等。手机钱包业务资费包括基本服务费和通信费。手机钱包目前向绝大多数用户免收基本服务费，这种状态将持续一段时间，收费进程将根据市场情况分步骤、分地区、分人群逐步推进。

2004 年 12 月，中国联通和中国建设银行联手推出新一代手机银行业务。手机银行基于中国联通的 CDMA 1X 网络和 BREW 技术，以中国建设银行“e 路通”电子银行平台为依托，具有手机理财、手机支付及手机电子商务功能。目前，中国联通手机银行可提供的服务包括：查询（包括账户余额、账户明细、消费积分等）、转账（包括本人名下转账、转账给他人）、汇款（提供异地汇款）、缴费（缴纳水、电、气、电话、交通等各项银行代理的缴费业务）、银行转账（银行户与证券保证金账户之间资金互转）、外汇买卖（提供外汇实时行情、实时交易和委托交易）以及手机支付等。

2. 手机支付的注意事项

如果您的手机开通并且已经使用了移动支付，特别要注意使用手机的密码功能。此外，不能随处乱放手机，防止有关的重要信息被窃。

二十一、什么是指纹支付？它有哪些好处？

指纹支付，是指持卡人直接用捺指纹代替刷卡进行结算付款的一种支付模式。指纹支付，简言之，就是消费者用手指在专门的指纹支付终端上轻点就可以付账埋单。

指纹支付是将生物识别技术应用于电子支付的一种创新，指纹支付也可以和电话银行、网上银行、手机银行一样，称为生物银行。

1. 指纹支付的兴起

1997 年，微软总裁比尔·盖茨曾预言：“生物识别技术，即利用人类特征如指纹、声音和面部进行识别，将成为今后几年 IT 产业最重要的创新方向。”

2005 年 10 月，在美国首先出现了指纹支付方式。美国的一线零售商，例如，沃尔玛等均支持指纹支付消费，且选择使用该方式结账埋单的交易此例呈不断上升趋势，商户和个人用户数量也在不断增加。

2006 年 11 月，这种 21 世纪最主流的支付方式，已经悄无声息地走进了中国。上海立佰趣公司的“指付通”电子钱包业务，在中国开辟了指纹支付的先河。

2. 指纹支付的原理

“指付通”采用的是一种指纹识别技术，其原理是持卡人在发卡银行申办该业务，在完成账户与本人指纹的绑定和身份识别码的设置后，即可开通并使用该业务。凭指纹在能够使用“指付通”业务的特约商户购物、消费，客户在进行支付时，不用刷银行卡，只用手指在安装有指纹识别系统的 POS 机上按下去之后，POS 机会将用户的指纹信息数据和他相应的银行账户连接并进行验证，确认是本人后，3、4 秒钟之内所消费金额就自动从客户的银行账户划拨出去，轻松完成结算付款。

“指付通”的指纹支付技术可以有效保护个人隐私，同时防范他人非法截取指纹信息。每个人的指纹一般都有 70 ~150 个特征点。从概率学的角度来看，在两枚指纹中只要有 12 ~13 个特征点吻合，即可认定为同一指纹。这也是全球法律界公认的一个准则。“指付通”指纹支付使用的指纹特征点数据识别技术，不采集和使用用户的实际指纹图像，只是从用户的指纹信息中提取出若干微小的特征点，使用一种独特的指纹算法将其化为指纹特征数据。无论是立佰趣，还是商家，或是任何第三方，使用这些特征数据均无法逆推出用户的指纹图像或是仿制出用户的物理指纹，确保了用户的隐私不受侵犯。

3. 指纹支付的好处

（1）安全。这种指纹支付模式的最大优点就是防伪功能好，能够有效防止伪卡的使用。指纹被公认为是每个人独有的生物特征，每个人的指纹可以说是世界唯一的，目前的科学技术发展还不能进行“克隆”、假冒。指纹支付业务采用的是指纹特征点数据识别技术，即不使用个人的实际指纹图像，而只在每一枚指纹中提取若干微小的特征点，并将其以矢量加密的方式转化为一组指纹数据信息，而且每次按压所获得数据均不同，最终通过识别算法对不同组数据的内部逻辑关系加以判断，从而进行识别。任何人即使获得这些数据信息，也绝对无法逆推出指纹图像或是仿制出个人用户的物理指纹，确保了用户隐私不受侵犯，同时，保证了持卡人的利益不受侵害。

（2）方便。对消费者来说，可以轻装上阵，外出购物时不用携带钱包、也不用携带银行卡，人到哪里购物、消费，就可以在哪里利用指纹进行支付，避免了银行卡保管不善丢失或银行卡保管不善消磁而不能刷卡结算的尴尬。

（3）快捷。在“指付通”的使用过程中，需要应用身份识别码。该识别码并非密码，具有索引功能，可以加快指纹识别及支付速度，使整个支付过程变得更加快捷。特约商户收银台凭扫描的指纹进行结算，持卡人省略了手掏银行卡、收回银行卡的动作，收银员节省了查验银行卡表象、核对签购单签名的操作，减少了买卖双方无用功，争取了宝贵的时间，大大提高了经济效益效率。

（4）自律。银行卡在世界范围内通用，银行卡在世界各国同时都规定只能持卡人本人使用，持卡人在申请银行卡的同时预留指纹，作为银行卡支付结算的唯一凭证，同时，指纹支付业务中的指纹识别技术是活体识别技术，即系统只对具有生命特征的手指进行指纹信息识别，即非持卡人本人不能使用银行卡，指纹支付是银行卡本身的、与生俱来的自律行为，不仅确保了用户账户的安全，也是继签字使用银行卡、密码使用银行卡的又一重大进步，必将大大提升银行卡的管理水平。

二十二、信用卡有哪些还款方式？

信用卡还款是件烦心事，最直接的还款方式，是到发卡银行网点去还，那么，对于需要跨行还款的持卡人来说，来回奔走、排队等候的滋味可不好受。这里，我们向大家推荐几种足不出户的还款方式。

“为了还信用卡欠款，我今天折腾了1个多小时。”网上，大学同窗姗姗抱怨起来，“先到单位附近的工行取款，路上用了15分钟，自动取款机排队5分钟。下班后去招行存钱，因为有台存款机坏了，我足足站了25分钟才存款成功。算上路上的时间，都超过1个小时了。有没有什么方便的方法可以还款呀？每个月这么折腾那可受不了。”这里，我们向大家推荐几种足不出户的还款方式。

1. 银联在线

缺点：转出和转入银行卡尚不全面。

银联在线是中国银联为广大持卡人提供的网上服务平台，信用卡跨行还款就是服务的一项。

持卡人所需要做的第一步是用户注册。在填写了正确有效的邮箱地址、用户密码、真实的个人信息、安全保护问题及答案后，就能完成注册，整个过程不过3分钟。

第二步自然是设置需要还款的信用卡和资金转出的借记卡，数量不限。在登录后，持卡人可在网页左侧“我的银行卡”一览中选择“借记卡绑定管理”和“信用卡绑定管理”。只要输入银行名称和相应的卡片号码就可以完成绑定申请。之所以说这只是“申请”，是因为借记卡和信用卡均要通过银行实名验证，这也是为了保障持卡人的利益。

不同银行实名验证的反馈时间不同，据了解，大部分银行可以做到实时反馈，比如招商银行、民生银行、中信银行、光大银行、兴业银行的借记卡和信用卡、深发展银行、平安银行的借记卡，以及华夏银行、宁波银行、东亚银行的信用卡。其他支持此业务的卡片的验证情况需要在3个工作日内以邮件形式通知持卡人，持卡人也可以在绑定银行卡的“状态”栏中查看，若显示“已验证”，就表明已经通过实名验证了。

银联在线的信用卡、借记卡绑定并不等于卡片在最后还款日会自动还款，还款还需要持卡人每月手动操作一下，绑定只是免去持卡人再次输入卡号、实名验证的过程。虽然并不自动，但这样的操作比起来回奔波于银行网点之间可谓轻松不少。

目前，这一跨行还款服务免收任何手续费，而且不需要在柜台开通网上银行等业务就可以直接操作。单月持卡人信用卡还款上限为人民币2万元，即不论几张信用卡、几张借记卡，在该平台的还款每月不能超过2万元。

目前可以为以下银行信用卡还款：招行、民生、中信、兴业、华夏、宁波、东亚银行（以上即时到账）、光大、深发、平安、浦发、中行（深圳）、农行（深圳）、上海银行（以上3个工作日内到账）。

支持用以下网上银行向信用卡还款：招行、民生、中信、光大、深发、兴业、平安、浦发、交行（深圳）、深圳农商行。

2. 快钱

缺点：转出卡预先在银行柜面开通网上银行，手续较为繁琐。

可以为以下银行信用卡还款：工行、农行、建行、中行、交行、招行、兴业、中信、光大、浦发、广发、深发、民生、平安、东亚、华夏、江苏、宁波银行。

支持用以下网上银行向信用卡还款：工行、农行、建行、交行、招行、民生、兴业、浦发、华夏、渤海、南京、北京农商、中行、东亚、宁波、中信、深发、广发、光大、平安、北京、中国邮政银行。

与银联在线相比，“快钱”的优势在于支持的转出借记卡、转入信用卡数量较多，四大银行及交行、招行、民生、兴业、浦发等21家银行的借记卡可以用来资金转出，而工行、农行、建行等15家银行信用卡可以在此还款。

不同信用卡的到账时效不同。最快的浦发银行T+1日到账，而相对较慢的工行、建行、农行、光大及江苏银行需要T+3个工作日到账。因此，在这一平台还款的持卡人需要打足提前量，可不能拖到最后还款日当天还款。

具体的还款操作流程为，在快钱首页及银行卡还款页面点击“信用卡还款”链接，再按照提示，选择信用卡发卡银行、输入信用卡卡号、持卡人姓名、还款金额及联系方式并确认。接着，按照提示在银行卡网上银行完成付款。除了招行大众版以外，其他借记卡均需要在柜面事先开通网上银行业务。最后，在完成了以上几步后，就能完成跨行还款了。持卡人可以登录快钱进行交易查询，通过“个人账单查询”或“信用卡还款交易查询”来查看还款记录。

与银联在线一样，快钱所提供的网上还款服务不收取任何手续费。对于不同银行的还款上限规定有所不同，具体可以参考附表。

3. 财付通

可以为以下银行信用卡还款：兴业（实时到账）、工行、招行、广发、交行（以上1个工作日到账）、建行、光大、民生、平安、深发展、浦发、农行、中行（深圳）、上海银行、宁波银行、北京银行、华夏、汉口银行、南京银行、江苏银行、杭州银行（以上2~3个工作日到账）。因此持卡人需要留出足够的资金周转时间，避免循环利息产生。

支持用以下网上银行向财付通账户充值后向信用卡还款：工行、招行、建行、交行、农行、浦发、光大、兴业、民生、中信、深发展、广发、中行、平安、北京银行。

操作方法：先注册财付通账号，再进行还款操作（需同名用户）。

手续费用：跨行、跨地区还款免手续费。

缺点：部分银行开通网银过程繁琐。

财付通是腾讯旗下在线支付平台，同样提供网上跨行还款服务。不过，还款方式并不是将借记卡里的资金直接打入信用卡，而是通过“财付通账户”中转来实现。

首先，持卡人需要在网站上通过邮箱或 QQ 号码注册财付通账号。接着，将支持网上支付的借记卡中的资金通过网上银行充值、邮政网汇通充值或是上门充值三种方式打入财付通账户。随后，就可以利用财付通账户的余额来完成信用卡还款了。

其中，将借记卡资金充入财付通账户需要提前开通网上银行。各家银行所支持的方式有所不同。平安银行持卡人既可选择柜台办理，也可以网上直接开通，建行、招行、农行、民生、深发展、广发、兴业持卡人需在网上操作，而工行、邮政、北京银行、浦发、光大、交行和中国银行持卡人则需要在柜面办理。

4. 支付宝

可以为以下银行信用卡还款：招行、兴业、中信（1日到账）、工行、交行、广发、浦发、农行、建行、平安、中行、深发展（以上 2 日到账）。

支持用以下网上银行向信用卡还款：工行、建行、招行、农行、中行、交行、浦发、广发、深发展、民生、中信、光大、平安。

手续费用：免手续费，推广期免手续费。

操作方法：填写还款信用卡信息→持卡人在收银台完

成付款→还款完成，查询到账信息。

缺点：不是支持所有银行信用卡还款，而且，对有的银行如中信实业银行不支付支付宝余额还款。

对于这项全新推出的服务，推广期间支付宝平台不收取任何费用。持卡人可以通过网上银行、支付宝卡通、支付宝账户可提现余额（有些银行暂不支持）三种方式为信用卡还款。

其中支付宝开通方式有两种，一是网上开通，适用于招行、工行、中信借记卡，另一种是银行柜台开通，需要先在支付宝网站申请，再携身份证去银行柜台签约，最后在支付宝网站激活，适用于建行、邮政、光大、华夏、中信、恒丰、浙商等银行。

5. 信付通电话终端

缺点：前期收费较高。

信付通电话终端是一部特殊的电话机，其提供的服务之一就是信用卡跨行还款。招行、浦发、兴业、民生等多家银行信用卡可以通过这部机器轻松还款，只要是印有银联标识的借记卡都可以作为资金转出卡使用。信付通拥有者只需刷几次卡、按几个按钮，就可以足不出户完成还款任务了。

不过，信付通终端机可不是免费的，不带打印功能的机器每台售价 600 元，带有打印凭条功能的机器每台售价 1200 元。信用卡还款不另行收费。

6. 银联电子支付平台

缺点：目前支持银行不多，且需要额外收取手续费。

许多人会把银联电子支付同银联在线混淆，其实，银联电子支付更多的是提供跨行转账服务，当然，这一网络平台也可以对信用卡进行还款，只不过并没有太大的优势。

银联电子支付为农行、中行、浦发、中信和交行（2009 年 5 月前开通服务）信用卡提供还款服务。除了中国银行准贷记卡需要 1 个工作日后到账，其他均可实时到账，如果持卡人在最后一天才想起还款，这一平台倒是值得一试。

与其他各种还款平台相比，银联电子支付显得有些“斤斤计较”，持卡人的每次还款都需要额外支付手续费。同城还款小于 5000 元收费 2 元，5000 ~ 5 万元收费 3 元，5 万 ~ 10 万元收费 5 元，10 万元以上收费 8 元。异地还款最低 5 元最高 50 元，按照交易金额的 0.1% 收取。

7. 拉卡拉

“拉卡拉”长得和 POS 机很像，在北京、福州等大超市、药店、便利店均可见到。如今，个人也可网购回家使用，便可还款。拉卡拉公司是联想控股旗下的高科技金融服务企业，是目前中国最大的线下支付公司，依托遍布全国的拉卡拉支付终端，拉卡拉为用户提供安全、简单、方便、灵活的全方位便民金融服务。

“拉卡拉”是一种银联新型智能支付终端，持卡人用任何一张银联卡（借记卡）都可以还，还不用支付跨行转账手续费。唯一要求的就是，信用卡必须是拉卡拉合作银行发的卡。拉卡拉的合作银行有平安银行、招商银行、兴业银行、浦东发展、华夏银行、民生银行、中信银行、光大银行等 18 家银行。

拉卡拉使用起来比较方便，因为操作和开通起来，都很简单。只要会使用 ATM，一般都会使用拉卡拉。操作流程是先刷要还款的信用卡，输入还款金额，再刷借记卡，然后输入密码就可以了，还款成功后打印了一张凭条，实时恢复了额度。

据了解，目前除了兴业信用卡支持还款即时到账外，招行还款后 1 个工作日到账，农行、中行需 2 个工作日，民生、光大则要提前 3 个工作日还款，否则各银行会收取滞纳金。您最好比最后还款日提前 3 天，以防万一。

除了可以在家使用外，大多数消费者应该可以在便利店、超市、药店见到拉卡拉的。据记者了解，在福州，拉卡拉目前有 650 个网点，具体在轩辉便利、国美、永辉超市、沃尔玛、万嘉超市、海王星辰、回春大药房等。

8. 绑定借记卡

只要指定同一银行的借记卡作为还款账户，银行会在到期还款日自动从指定还款账户转出款项归还信用卡。

稍加留心，你就能发现，在不少信用卡账单上，都有推荐这种还款方式。

只要你有一张与信用卡归属同一银行的借记卡，就可以通过绑定同行借记卡的方式，来实现“自动还款”。

每个月在到期还款日最后一天，银行就会自动从你的同行借记卡上划走和你欠款相同的数额，归还到信用卡上。

这样就避免太忙或记性差，而错过还款日啦，省事省心！如果你在偏远地区，或者国外，都不用担心还款。

但绑定借记卡自动还款，也有不好之处，“像小林，用的是兴业信用卡，也有一张该行借记卡，但卡上没什么钱，每个月都要从工资卡上取了钱，再存到这张卡上还款，余额一旦不足，会出现逾期还款。所以她也要跑银行，自动扣款的意义，名存实亡。”

9. 使用网上银行转账

如果每个月有很多张信用卡要还，那这个方案也是一个不错的选择：把资金充裕的一张借记卡开通网上银行，而且这个网上银行向跨行转账时，应该不收手续费，好比兴业银行、光大银行的网银具备这个属性，而工商银行、建设银行等的网银就不行了，因为这种情况下他们的收费那不是一般地低啊！每到还款日，可以通过网银给您的信用卡直接转账，当然之前可以做点小准备，就是把要还款信用卡账户加到常用账户列表里，用的时候直接选择就可以了。好比兴业银行，普通的同城跨行转账都是免费的，而且是当天到账。不过值得注意的是，这种到账不是实时的，一般要延迟几个小时，为保险起见，最好在下班前三小时办理。这种转账基本支持所有的信用卡。不过，普通的转账汇款在非工作日不是当天到账，必须待银行营业才可以处理，而且一般在银行营业之后数小时方可到账。如果在非工作日必须立即还款，那可以使用网银的“实时跨行转账”功能，不过这个是收费的，好在兴业银行收费不高，1万元（含）以下，每笔收费5.5元；1万~5万元（含），每笔收费10.5元。这个转账走的是人民银行的支付系统，速度极快，实时到账，有时候，信用卡到账的通知短信甚至比兴业银行资金转出的短信通知到得还早。不过，有些信用卡目前不支付这种还款方式，这时会有不支持向贷记卡转账的提示。

二十三、如何提高信用卡透支额度?

通常所说的信用额度，是银行根据信用卡申请人的个人资信情况决定给予其所能透支的最大额度，是银行根据客户申请时提供的相关材料，由发卡银行审核后确定的。

一般来说，申请人的资信状况越好、能够合法提供的资产收入证明越高、资产收入证明材料越详细，获得银行审批的信用额度就会越高。比如，信用卡申请人在填写办卡申请表后，其补充提供的职业证明、收入证明、房屋产权证明、按揭购房证明、汽车产权证明、银行存款证明或有价证券凭证等资产证明越详细，银行审批的授信额度就会越高。

对于已经申请了信用卡且经济实力变化较快的客户，如果想提高手中信用卡的透支额度，则需要向银行提出申请。方式主要有以下几种：

首先，及时申请，提高固定透支额度。用卡时间超过半年之后，向银行提出调高透支额度的申请，相对比较容易通过。一般来说，如果持卡人的刷卡频率较高，且平时的透支额较大，信用记录良好，银行就会酌情调高信用卡的透支额度。信用额度调高后，使用一段时间，可再次向银行提出申请，逐步提高信用总额度。

其次，即时申请，临时调高透支额度。银行的信用卡业务一般都会提供即时调整信用额度的服务。比如，在“十一”、“春节”等黄金周期间或者突然需要大额透支消费时，均可向银行临时申请提高透支额度。只要信用记录良好，银行都会同意持卡人的申请，可在原透支额度基础上上调 10% ~20%。持卡人只要在下一个还款日之前及时还款即可。

提醒大家，日常生活中尽量多刷卡，提高用卡频率，多用信用卡支付大额支出，都会对提升信用卡透支额度有帮助。此外，尽量提前还款，以避免因还款不及时而超出免息期支付利息，也有助于日后提升信用额度。

好比工行信用卡，使用半年以上才能申请提高额度，根据这半年的消费记录，还款记录来评定，如果你想大幅提高的话，建议你最近两三个月，把卡刷满，就是说每个月刷现在的最大透支额，及时还上，这样在申请额度的时候，工行会提高不少的额度。额度调整，又分为临时性调整和永久性调整。

值得注意的是，临时提升的额度一般是有期限的，在临时额度到期之前，记得一定要把信用卡的欠款额降低到永久额度以内，否则就可能会产生一笔不菲的费用。具体情况在申请的时候就问清楚，做到心中有数。

持卡人对自己信用卡的可用额度不一定记得非常精确，在商户刷卡出现余额不足时，如果所差金额不多，就可以申请临时加额；但如果相差太多，可能临时加额后仍然不够，因此持卡人消费前，应大概清楚自己信用卡所剩的可用额度，以免出现尴尬场面。

临时增加的信用额度只能用于消费，不能取现。消费透支中的临时加额部分不提供最低还款额方式，必须在下一到期还款日全额还款。

二十四、［案例］信用卡透支额度调整要注意什么问题？

很多卡友都是嫌信用卡额度太低而需要申请提高额度，但也有些卡友会觉得信用卡额度太高而申请调低了信用卡透支额度。不过如果需要再申请调高额度时，就必须重新进入审批流程，银行将参考刷卡、还款记录，再重新核定其透支额度，与重新申请信用卡手续差不多。因此大家申请调低信用卡额度需三思。

去年，小张买了一套新房，申请房贷时顺便办了一张信用卡金卡，最高透支额度有 3.5 万元，他盘算着信用卡办下来后，装修采购就刷卡，这样不仅结账便捷还能缓解当时趋紧的现金流。

果然，装修时这张金卡帮了小张的大忙，油漆、橱柜、地板、卫浴等装修材料都刷卡，连续两个月刷爆了信用额度，好在都能够及时还清了透支额，否则逾期利息恐怕会让他吃不消。

装修过后的某一天，小张无意间看报读到一条“金卡被盗损失上万元”的新闻，便琢磨自己那张金卡有近4万元的透支额度，假如某一天不小心把金卡弄丢了，或被人偷去，损失可能很惨。所以他当即给银行客服打电话，将透支额度直接降到5000元。透支额度调低并没有给小张带来麻烦。

可今年夏天，小张要结婚，“五一”时去家电卖场挑选液晶电视，碰巧自己的金卡正在搞促销活动，刷满6000元可打9折。当时他看中了一款夏普液晶电视，原价8000多元，搞促销直降至6600元，还赠送一套迷你音响，如果再加上刷金卡可打9折，这台液晶电视的确十分划算。

但小张的金卡额度已被他调低到5000元，要想刷卡就有些问题。“我这不是吃饱了撑的嘛！”小张当时有些懊恼。最后还是女友出主意，通过柜台往信用卡里存了2000多元，才把缺掉的额度补上。最后，刷卡买单，总算抢上了打折的末班车。

事后小张觉得，信用卡额度有必要再调高些，以免再遭遇买电视的尴尬和麻烦。但当他向银行客服申请时，工作人员告诉他，由于此前小张永久性调低了信用卡透支额度，现在如果再申请调高额度，按规定必须重新进入审批流程，银行将参考小张的刷卡、还款记录，再重新核定其透支额度，总之差不多等于再重新申请一张信用卡。“早知道额度调低再恢复起来有这么麻烦，我当初何必多此一举！”小张现在说起来调额度的事还一脸不爽。后来从银行朋友那知道，要调整信用卡的透支额度，可以申请临时性调低或调高，最长三个月内有效，而且手续方便，打一个电话就可以搞定。

现在，吃一堑、长一智的小张，不再轻易调整信用卡的透支额度了，即便调整，肯定也要反复和银行强调，这是“临时性”的。

二十五、如何读懂信用卡对账单？

越是信用卡对账单上那些习以为常的常规项目，越是容易让人掉入理解或记忆的误区。对于第一次拿到信用卡的人来说，看不懂信用卡对账单的直接后果，便是很可能付出大笔利息以及各种税费。

一张信用卡对账单上，隐藏着多少难解的疑惑？也难怪，大多数专用术语都是从英文翻译而来，免不了有些生涩拗口，可信用卡已经日胜一日地进入我们的理财生活，如果稀里糊涂地签个信用卡合同，再看不懂每月到达的对账单，那可就真的沦为信用卡的奴隶了。关于对账单的以下“三四五”，一定要注意。

(一) 三个额度别“误会”

1. “最低还款额”不要轻易用

小丽懊丧不已，上期欠款本来有1900元，但由于看到对账单上有一栏“最低还款额”，她误以为这是因为提供的“免息”优惠，于是想当然只还了190元。结果银行毫不留情，默认她动用了循环信贷，将所有欠款从记账日起征收循环利息，而且年利率高达18%，于是白白付出了几十元的利息。

疑惑的不仅是小丽，很多初次接触信用卡对账单的持卡人，都不明白为什么与本期欠款并列的，还有一栏名为“最低还款额”。事实上，“最低还款额”是为那些无力全额归还信用卡的人士准备的，一旦你按照最低还款额还款，也就动用了信用卡的“循环信用”，银行将针对所有欠款从记账日起征收利息。但在对账单上，我们并不会看到相关提示。

如某银行信用卡章程第三十条就明确规定“持卡人选择最低还款额的还款方式或超过发卡机构批准的信用额度用卡时，不再享受免息还款期待遇，应支付未偿还部分自银行记账日起按规定利率计付透支利息。持卡人支取现金不享受免息还款期和最低还款额待遇，应当自银行记账日起，按规定利率计付透支利息。”

2. 信用额度常记心中

越是这些习以为常的常规项目，越是容易掉入误区。其实仔细研究上述条款，有心人或许发现另外一点，“超过发卡机构批准的信用额度用卡时”，同样不享受免息待遇。这就需要我们关注另外一个项目——信用额度。

在信用卡对账单的左上角，通常有专栏提示你有多少信用额度。所谓信用额度，就是信用卡持卡人被允许透支的总额度。通常大家常有的误区是，忘记了自己的信用额度。信用额度少用倒没什么，如果一不小心超出，不仅不能享受免息待遇，还会被征收超限费。

一个有效建议是，当拿不准自己还有多少额度可用时，咨询信用卡的服务热线，免得超限哦！

3. 预借现金额度别想动就动

在信用卡对账单的左上角，紧跟信用额度之后，通常会有一个“预借现金额度”的项目，其意义就是银行授权你可以从ATM机中取出现金的额度，一般为你信用额度的20%~50%，并包含在你的信用额度内。

或许有人会问，这是否意味着我可以从信用卡中取款支付各种费用，甚至用来投资，而且同样享受免息待遇？

非也。尽管每张信用卡都会有预借现金额度，但从信用卡中取现通常被认为是不理智的行为。因为你必须面对以下现实：一是你必须要支付“预借现金手续费”，也就是我们通常所说的“取现费”，每家银行对此都有不同规定，比如兴业银行规定为“按照金额3%，每笔最低30元或USD3元收取”，一般国外取现还要更高；二是预借现金不享受免息还款期优惠，从你取款的当天开始，就需要支付年息18%的利率。

（二）四个日期要谨记

在我们使用信用卡的过程中，有四个日期需要你特别牢记，它们分别是：

1. 交易日

指你的实际刷卡消费、取现或转账的日期。

2. 银行记账日

指银行把你的交易记在账上的日期。需要注意的是，账单中的交易日是指刷卡当天，记账日则有所不同，店家刷卡信息传输到银行需要时间，境外消费一般都会有几天的时差。

3. 账单日

则指银行对你每个月用信用卡交易“算总账”的日期。

4. 到期还款日

一定要在这个日期前还款，若超过此期限，你对于本期所欠银行的款项就要缴纳利息及其他相关费用了。

对消费类交易，从银行记账日至到期还款日之间为免息还款期，因此不是所有交易都可以享受最长免息待遇。例如张小姐 8 月 19 日消费，结算在 9 月 18 日账单上，10 月 8 日为最后还款日。全额还款即享受了最长 50 天免息期（8 月 19 ~ 10 月 8 日）。如她在 8 月 18 日消费，则恰好赶上当天是账单日，那么需要在 9 月 8 日最后还款日全额还款，她享受的则只是最短 20 天的免息期。

（三）五项费用要规避

尽管免年费的信用卡越来越多，但随着银行收费时代的到来，信用卡上的收费项目也越来越多。不过作者认为，涉及信用卡的以下五项费用还是尽量规避的好。

1. 溢缴款提取手续费

路过自己的信用卡发卡行，小杨决定把上月的信用卡欠款还掉。但由于随身没有带对账单，小杨就估摸着上月的总消费，存了一定金额进去。后来回家才发现，多存了500元进去。事也凑巧，几天之后，正好需要支付手机通信费，小杨就顺手把这500元又取了出来，心想反正多缴了吗，拿出来也正常。

然而下月账单到来，小杨发现上面多了一栏收费项目——“溢缴款提取手续费”，让小杨大惑不解。其实，“溢缴款提取手续费”也是信用卡通有的收费项目，溢缴款是指你还款时多缴的资金或你存放在信用卡账户内的资金，领回溢缴款需支付一定金额的手续费。

在持卡人溢缴欠款之后，溢缴款部分也被识别为该信用卡的信用额度，于是增加你的信用卡的可用额度，可以直接用于消费或者还款，但恰恰不能取现。

2. 国外交易授权加收结汇费

很多人对这个收费项目看不懂。如今它改成“国外交易兑换手续费”了，这下看懂了，是专门针对海外消费而设的收费项目。目前国内银行发行的国际信用卡或者双币信用卡大多是美元卡，因此持卡人在非美元货币区如欧洲刷卡消费时，记账货币就为欧元，结算时需将欧元折算为美元，用人民币还款时再将美元折算成人民币计算。银行收取的外币兑换手续费就是针对当地货币折算成美元的记价环节。目前大多商业银行的收费标准比较统一，为“按照交易金额的1.5%”。

一个有益的提醒是：到香港及东南亚等中国银联开通的区域旅游，尽量使用银联卡消费。如果到日本、欧洲等地方工作、旅游，不妨申请一张当地币种的信用卡，以避开这个收费项目。

3. 滞纳金

其他经常容易触及的收费项目还包括滞纳金。这是信用卡的惩罚性收费项目，通常针对两种情况，一是若全月未有任何还款或还款不足月结单上载明的最低还款额；二是信用卡消费超出了信用额度。其金额通常是最低还款额未还清部分或者是超限部分的百分之五，但最低金额不同银行有不同规定。如果未能如期缴纳，滞纳金同样会“利滚利”，而且越滚越大。

4. 超限费

根据中国人民银行的相关规定，对于超过信用额度用卡的情况，银行将对超过信用额度部分计收超限费。

比如要买台手机，实际上你的信用额度只有1000元了，但手机价格却是2000元，于是一不小心，你的消费就超出额度1000元。当然，部分银行在遇到这种情况时会加以提醒，但大部分银行可能也默认了你消费的完成，但你必须为这笔超额消费付出代价——除了该部分不享受免息待遇，你可能为超出信用额度的消费部分付出5%“超限费”，实在有些得不偿失。

而规避这项费用的解决办法也相对简单，持卡人完全可以通过临时提高信用额度来实现。对于金额比较小的额度，如果持卡人有比较好的信用卡使用记录和信用记录，就可以通过信用卡服务热线在线完成，非常方便。

5. 挂失费

信用卡一时找不到，陈女士焦急万分。于是打电话要求挂失，可两个小时之后，信用卡重新找到。但银行却告诉陈女士，已经从她的卡里即时扣了45元的挂失费。陈女士觉得非常冤枉。为何信用卡挂失费这么高？

是的，几乎所有银行都会对挂失卡片即时收取挂失费，而且费用不斐。最低的也要20元，有些双币卡的挂失费需要85元，一般的费用也在50元左右。

但挂失的确是防止卡片被盗用的最有效办法。如何规避呢，最简单的办法当然是，保护好卡片喽！

此外，信用卡收费项目还包括异地取现及转账付出手续费、异地存款及转账存入手续费、跨行ATM取现手续费、挂失手续费、账户管理费、新（补）发卡手续费、调单手续费、人民币卡在境外ATM取现手续费、境外紧急挂失服务费、境外紧急取现服务费和重置密码手续费等等。对于普通持卡人来说，在办理信用卡的时候一定要向银行询问清楚，做个明白而理智的持卡人。

二十六、如何对账、挂失、换卡、销户？

（一）银行卡的对账

1. 借记卡对账

借记卡实行联线操作，实时扣账。持卡人在发卡银行电脑联网的任何网点、商户、ATM 机上进行交易时，即更新其账户余额。借记卡持卡人在发卡银行开户并以专用活期存款账户作为基本账户的，发卡机构可定期向持卡人寄发对账单，持卡人接到发卡银行对账单后应及时核对发生额和账户余额。借记卡通常为卡、折共用户，存折起对账作用。发卡机构为持卡人提供电子支付服务的，持卡人也可通过电子支付查询余额，发卡机构则不再寄发对账单。持卡人可随时到发卡银行联网的任一营业网点补打交易单。发卡银行提供网上银行服务的，持卡人也可以登录相关网站查询账户余额、交易明细，并随时打印输出对账单。

发卡银行向持卡人提供咨询、查询、对账、挂失、投诉等服务，对持卡人关于账务情况的查询和改正要求在 30 日内给予答复。使用对账单对账的持卡人有权向发卡银行索取最近 3 个月的对账单，对不符的账务须在索取对账单之日起 10 日内进行查询或提出改正要求。

2. 信用卡对账

发卡银行一般会在每个月的固定时间向信用卡持卡人寄送对账单，个人卡对账单寄至持卡人住处或者是单位，可根据持卡人的意愿设定，单位卡对账单寄至单位财务部门，持卡人与有关财务人员应进行核对。

对账单的内容。对账单内容较多，以中国工商银行发行的牡丹卡为例，包括以下项目：

（1）上期余额：上期对账单日的账户存款或欠款金额，金额后有 CR 代表存款，否则为欠款。

（2）本期余额：本期对账单日的账户存款或欠款金额，金额后有 CR 代表存款，否则为欠款。

（3）对账单日：本期对账单生成日。

（4）到期还款日：此日期前全额还款，不用支付本期消费贷款利息。

（5）最低还款额：在到期还款日前必须偿还的最小金额，否则需支付滞纳金。滞纳金为最低还款额的 5%，最低 1 元或 1 美元。

（6）超现金额：超过信用额度的透支金额。此项大于 0 时，需按超现金额 5% 支付超现费，最低 5 元或 5 美元。

（7）信用额度：银行提供的消费信贷金额。

（8）可用信用额度：当前账户中可用的消费贷款金额。

（9）摘要：交易类型代码，持卡人可根据摘要内容核对对账单上的每笔交易。

对账。持卡人或单位财务人员收到账单后仔细核对账单，如有出入，应及时按发卡银行规定的期限内与银行联系，以便于发卡银行及时核查和更正，也可避免因账单延误造成持卡人付款不准时而交罚金。

持卡人若在银行寄出对账单日期的一周后还未收到账

单，应向发卡银行询问，让发卡银行补寄对账单，也可凭卡、身份证件等到发卡银行申请补打对账单。

同时，持卡人也要做好交易单据的保管，以便对账与更正。一般地，银行卡交易单据包括存款单、取款单、签购单、转账单、POS 凭证和 ATM 机凭证等。持卡人每次用卡之后，应将得到的交易单据保存一段时期，直至账务核对无误，确认该笔交易已经由银行准确记入银行卡账户后方可妥善处理。

当然，为了便于银行准确寄送对账单，持卡人在申请银行卡时应留下正确的联系地址，如果遇到持卡人工作调动、住址迁移和身份证号码变更等，须书面或者打电话通知发卡银行，以免影响持卡人用卡及对账。

（二）银行卡的挂失

当持卡人的银行卡遗失或被窃时，为了防止不法分子冒用而给持卡人带来损失，银行允许持卡人办理挂失手续进行止付。

1. 挂失

当银行卡丢失或被盗时，持卡人应立即办理挂失手续。银行卡挂失以书面挂失为正式挂失方式，持卡人应到就近的发卡银行的有关机构办理书面挂失。办理挂失手续时，持卡人应向业务人员说明发卡机构的名称、卡号等情况，并交验本人身份证件。如果身份证件也一起遗失，应到有关部门开具有关证明，供发卡机构审查。此外，持卡人需填写银行卡挂失书面申请书，写明银行卡的丢失情况。持卡人不能委托他人向发卡机构进行挂失。如果没有办理书面挂失的话将无法领取新卡。

如果因特殊情况不能立即到发卡机构办理书面挂失，可以先拨打电话向银行办理临时挂失，再尽快到发卡机构办理书面挂失手续，否则口头挂失会失效（如太平洋卡的电话挂失在5天后自动失效）。发卡机构对电话挂失只协助防范，不承担任何责任。

如果持卡人在异地办理挂失，应到就近的银行机构申请办理挂失止付手续，但须原发卡银行核准后挂失方可生效。

持卡人办理挂失手续都要交纳挂失手续费。挂失费依据各商业银行银行卡章程规定而不同。挂失手续办妥，挂失即生效。

借记卡在挂失生效前的一切经济损失由持卡人承担。

贷记卡在挂失生效前的经济损失由谁承担因各发卡银行不同而不同。

广东发展银行就为客户提供用卡安全保障，持卡人无须承担信用卡丢失或失窃后、在挂失前48小时内发生的被盗用损失，但是不包括提现、转账等须使用密码的交易和网上交易。同时规定连续6个月没有发生交易的信用卡将被自动取消该项保障功能。

中国银行对于贷记卡在挂失生效前的经济损失就不承担保障，只提供24小时客户服务热线（86）40066－95566/86－10－66085566办理挂失手续，强调持卡人不承担挂失后的经济损失。

中国建设银行的 VISE 奥运白金信用卡第六条规定：挂失。遇信用卡遗失、被窃或遭甲方（持卡人）以外的他人占用，甲方应立即致电乙方（建设银行）客户服务电话或利用网上银行等方式办理挂失，挂失经乙方确认后即时生效。自挂失生效后发生的非甲方所为而造成的债务和损失不再由甲方承担，但因以下情形之一造成的债务和损失除外：(1) 甲方未办妥挂失手续前发生的交易；(2) 甲方有欺诈或其他不诚实行为；(3) 乙方调查情况，遭甲方拒绝；(4) 遗失或被窃信用卡无甲方签名。

2. 止付、紧急补偿与补卡

银行卡业务人员接到持卡人的挂失申请，应及时审核，并在挂失登记簿上登记，同时应立即采取措施进行止付：如通知同城各受理机构及商户予以止付，防止冒领盗用；用电报、电传或传真上报总部，由总部考虑情况缓急采取下发注销名单、止付、紧急止付等措施。如果受理机构非发卡银行，应在电传总部的同时，将银行卡挂失单寄发卡机构，由发卡机构确认后上报总部。

除了持卡人将银行卡遗失之外，若持卡人信誉差、持卡人透支超过限额、持卡人不按期归还透支款项、持卡人有重大嫌疑、涉及重大案件或持卡人持伪、冒卡，发卡银行都会将对上述银行卡作出止付的决定。银行卡被止付，持卡人便不能从该卡账户付出资金，其取现、购物、消费功能已经丧失，但仍有存款功能，持卡人可以向该卡账户存入或转入资金，从这个意义上讲，银行卡被止付，其有效期并没有终止，只是部分功能的丧失，只有全部功能丧失，才意味着银行卡有效期终止。

需要注意的是，银行受理挂失手续后一定时间内发生的损失还是要由持卡人自己承担，只有持卡人申请的挂失经发卡银行核准生效后的损失才由发卡银行承担，否则生效前的风险仍由持卡人承担。如中国银行长城人民币信用卡章程中规定挂失之前及挂失次日24小时内，所造成的挂失卡风险损失仍由持卡人承担。

有的银行规定，持卡人在异地丢失银行卡后，需提供紧急补偿的，经发卡银行授权后可得到少量现金补偿，银行办理紧急补偿的手续与取现相同，但需要注明“紧急补偿”字样，并要注明授权人姓名及授权号码。办理紧急补偿要由持卡人支付按所取得的补偿金额的一定比例计算的手续费。

银行卡挂失后，发卡银行可根据持卡人的申请为持卡人补发新卡。补发新卡须交纳工本费，具体的资费标准和补发期限依据各商业银行的银行卡章程规定而不同，补发的新卡其有效期与原卡相同。如果持卡人在挂失后又找回所遗失的银行卡，应立即告知发卡银行，取消止付，如已补领新卡，则应将旧卡交回发卡银行。

（三）银行卡的换卡

银行卡受损或到期时，持卡人应到发卡银行办理换卡手续。

1. 受损换卡

如果银行卡背面签名错误或模糊、忘记密码、磁条失磁或卡折断损坏，导致使用不便或不能继续使用，持卡人可以到发卡银行换取新卡。此时，持卡人应携带本人身份证件（或委托他人携带持卡人及代办人的身份证件、持卡人签名的授权委托书）到发卡银行，填写申请表，交回旧卡并交纳换制新卡工本费。

借记卡换卡，卡号是要变的，这一点务必要注意。信用卡因磁条失磁等原因换卡，卡号不变。信用卡换卡费用一般直接记入信用卡内。

2. 到期换卡

银行卡中的借记卡通常无有效期，所以一般不涉及到期换卡问题。而信用卡一般都有最长有效期限的规定（如长城人民币信用卡、牡丹信用卡有效期为两年；金穗信用卡、龙卡、太平洋卡和招商银行信用卡的有效期最长为3年），逾期就会自动失效（但持卡人使用银行卡所发生的债权债务关系不受影响）成为废卡，不能再使用。

一般地，银行发卡机构会于持卡人银行卡到期前一个月，向其发出换卡通知。有的银行在到期之前会将新卡邮寄给持卡人。

如持卡人在银行卡到期后不想换新卡，应于期满前一个月以书面形式通知发卡银行，及时将过期卡交回发卡银行，否则有的发卡银行将视同持卡人将继续用卡，并为持卡人补制新卡，同时从持卡人账户中收取年费。

（四）银行卡的销户

1. 销户条件

银行卡到期不更换新卡或中途停止使用银行卡的须及

时主动地将银行卡交回发卡银行，并办理销户手续，如持卡人所持有的信用卡有透支的，应在偿还透支本息后办理销户手续。

信用卡持卡人在还清透支本息后，属于下列情况之一可办理销户：

（1）信用卡有效期满45天后，持卡人不更换新卡的；

（2）信用卡挂失满45天后，没有附属卡又不更换新卡的；

（3）信誉不佳、被列入止付名单、发卡银行已收回全部信用卡45天的；

（4）持卡人因故死亡，发卡机构已收回全部信用卡45天的；

（5）持卡人要求销户或担保人撤销担保，并已交回全部信用卡45天的；

（6）信用卡账户两年（含）以上未发生交易的；

（7）持卡人违反其他规定，发卡银行认为应取消资格的。

若持卡人不遵守所持银行卡的章程，发卡银行有权取消其用卡资格，并可授权有关单位收回其所持银行卡并将其账户注销。

2. 销户手续

借记卡销户手续。持卡人终止使用借记卡应向发卡银行提出书面销卡申请或者致电发卡银行。发卡银行受理销卡申请后，即可为持卡人办理销卡手续。若持卡人所持借记卡对应的活期储蓄存款账户挂失或销户，其借记卡当即作废，持卡人应将所持银行卡交回发卡银行。

信用卡销户手续。

个人卡申请销户手续。信用卡只能由主卡持卡人办理销户；持卡人办理销户必须交回全部信用卡（主卡、附属卡）填写“信用卡销户申请表”；如信用卡属已过期45天的，可凭持卡人身份证件办理销户；如信用卡在有效期内，自申请销户后45天，凭持卡人身份证件办理销户；如信用卡遗失不再办理新卡，而申请销户的，须于挂失45天后才能办理销户；卡已过期45天的，可于挂失后立即销户。

由于银行卡的凭证传递和资金进账需要一定时间，所以持卡人在提出销户申请后一段时间等全部款项清算完毕，方能持发卡机构的“销户通知单”及本人身份证件到发卡机构办理销户手续，结清本息。

发卡银行办理销户，应当收回银行卡。有效卡无法收回的，应当将其止付，以降低风险。销户时，单位卡账户余额转入基本存款账户，不得提取现命；个人卡账户转账结清，可以提取现金。

二十七、各银行信用卡的账单日及最后还款日是哪一天？

用信用卡，最大的好处是可以先透支后还款，享受免息期。免息期是指贷款日（银行记账日）至到期还款日之间的时间。因为客户刷卡消费的时间有先后，所以享有的免息期长短不同。目前，各家银行的免息期大约都在20天到50天左右，要想充分享受免息期，一定要在透支消费前弄清楚银行的账单日和还款日，计算好还款时间。

以工行的牡丹国际信用卡为例，其银行账单日为每月最后一天，从当月1日到账单日为一个账单周期，还款日为次月25日。比如在3月30日刷卡消费，3月31日是工行的账单日，那么最迟可以在4月25日还款，能够享受25天的免息期。如果在4月1日刷卡消费，账单日就是4月30日，还款日则是5月25日，可以享受到56天的免息期。

有些银行有不止一个账单日，比如招商银行有5日、15日、25日三个账单日，分别对应当月23日、次月3日和次月13日三个还款日。用户申请信用卡时会随机得到一个账单日，但是你也可以根据自己的消费习惯请银行更改。比如如果你经常在月初消费，就选择5日作为账单日比较划算。

为方便大家用卡，下面列出了各主要银行的账单日和最后还款日：

	免息期	账单日	最后还款日
工行牡丹国际卡	25~56天	每月最后一天，不可以更改	次月25日
建行龙卡	20~50天	每月7日、17日或27日，持卡人可以在卡片有效期内可以更改一次	账单日后第20天
农行贷记卡	25~56天	每月10日，不可以更改	次月5日
中行中银信用卡	20~50天	每月10日、15日或25日	账单日后第20天
招行信用卡	20~50天	每月5日、15日或25日	当月23日、次月3日或次月13日
广发信用卡	20~50天	按城市划分，每个城市都有自己的账单日，不可以更改：例：北京的账单日是20号	次月5日
兴业信用卡	20~50天	每月8、18、11、21日，每个持卡人可以在半年内更改一次	账单日后第20天
中信STAR卡	26~56天	随机产生，不可以更改	账单日后第26天
深圳发展银行	20~50天	每月的10日作为银行结账日	次月8号
上海浦发银行	20~50天	每月账单日是随系统生成的，对于每个持卡人固定的，不可以更改	账单日后第20天
交通银行	25~56天	每月5日	次月15日
民生银行	20~51天	每月1日、3日、6日、9日、11日、13日、16日、19日、21日、24日、26日和28日，每一个自然年可以更改一次	账单日后第20天
光大银行	20~50天	每月的1日，不可以更改。	每月20日
深圳平安银行	26~56天	每月10号为账单日，不可以更改	次月5日
华夏银行	26~56天	每位持卡人的账单日各有不同，在对账单中将列明您的每期账单日。每年只能更改一次	账单日后第26天

第五章　银行卡使用中的风险防范

一、使用银行卡都有哪些风险？

在我国，银行卡分为贷记卡、准贷记卡和借记卡，前者的清偿方式是先消费，后还款，后者的清偿方式是先存款，后消费。因此，对于贷记卡、准贷记卡（这两种卡即为信用卡）来说，发卡机构的风险很大，风险种类也较多。国内商业银行发行的借记卡，风险相对较小，风险的种类也相对较少。我们所说的风险一般多指贷记卡、准贷记卡的风险。风险种类主要有以下几种：

（一）持卡人信用风险

1. 持卡人经济状况的变化给银行带来的风险

发卡机构决定让某一客户领发银行卡的主要依据是该客户当时的经济状况和银行资信程度。有些客户在领卡后，随着职业、收入、财产、社会地位等经济和银行资信条件下降或恶化，可能无力偿还银行卡已支付的款项。

2. 持卡人与发卡机构联系中断而给银行带来的风险

发卡机构与持卡人的联系依据是持卡人申请时提供的工作单位、住宅地址等资料。有些持卡人住宅地址变动、职业更换、迁移外地或出国后，不通知发卡机构，造成发卡机构与持卡人联系中断，影响发卡机构追索，造成持卡人已拖欠的款项难以追还。

3. 持卡人骗领银行卡进行恶意透支

持卡人有意谎报资信状况，骗得银行卡，而后恶意透支，使发卡机构蒙受损失。

4. 持卡人使用贷记卡进行非法套现

非法套现是指贷记卡的持卡人违反规定，假借刷卡购物或者刷卡消费的名义提取现金的行为。

贷记卡是银行卡的一种，也叫信用卡，它是世界范围内通用的一种结算工具，全世界的各个发卡银行都规定不得以购物、消费的名义提取现金。信用卡可以透支提取现金，但是要办理专门的提现手续，支付其高昂的提现利息。

在我国，信用卡提现只能在银行柜台或者是ATM自动提款机进行，不准在特约商户进行；信用卡提现没有免息期，从提现之日起息，日息万分之五，年息18%；信用卡提现的额度是信用卡整个额度的30% ~50%。因此，利用信用卡在特约商户假借购物或者消费的名义套现是非法的，持卡人利用信用卡套现骗取了银行的无息贷款，因为免息期内还款视为购物或者消费，是不计收利息的；同时还放大了提现的信用额度。此外，持卡人还可以骗取银行的消费积分等优惠。

信用卡非法套现的主要表现是：

第一，利用电子商务套现，可以分为自助信用卡套现和他人帮助信用卡套现。自助信用卡套现者先用自己的身份证在网上免费开个店铺，并对店铺里的商品随意定价，然后将自己的银行卡A与店铺支付工具绑定，再利用信用卡B，用另一个账号“买”下自己网店的一件商品。随后，自己在网上点击确认收到商品，这笔钱最终就能顺利转到银行卡A的账户上再行提现。

除了自行“买进卖出”的套现方式外，另一种套现方式为“网关申请”，这是一种专为中小电子商务网站提供的支付平台。由于很多网关服务商申请门槛太低，给了套现者可乘之机。套现者只要建立一个自己的网站，并申请到支付平台，就可以顺理成章地通过商品的虚假自买自卖实现信用卡套现。

据了解，这种套现每次只需要支付1%左右的手续费，套现成本偏低。

第二，利用POS机假购物、假消费后退款套现。在商业类的特约商户，通过购物后退货套现，特别是利用免息分期付款的方式进行退货套现。分期付款的手续费2%～5%不等并不占用现有信用额度，在当期卡内额度已经使用完毕的情况下，仍然可以进行分期付款，所以又称“空卡套现”。在服务类特约商户，通过刷卡预约服务再取消预约服务进行套现。在宾馆预定房间，刷卡预付押金，取消预定或者入住后退房时，应退回的押金就以现金的方式退还了；在国航和南航自建的营业厅购买头等舱客票，只要是在起飞前24小时退票，即可全额现金退票，因此，持卡人刷卡买机票后退票即可套现。现在有的特约商户已经规定退货不退现金了，所以这种现象已经有所减少。

第三，不法分子假借经商或者中介服务的名义，申请安装POS机设备成为“特约商户”，然后专营或者兼营其快速、低息“贷款”业务。目前一些银行把POS机投放业务外包给代理公司，只要个人能够提供营业执照、税务登记证、银行开户许可证，就可以申请安装POS机。有线的POS机不收任何费用，无线移动的POS机即“随意行”，客户只要提供139或者137全球通号码，每月收取20元基本费用外根据交易流量再收取费用。持卡人刷卡后当场得到现金，免息期内还款按照消费、购物不用支付利息或者手续费，只是交给“特约商户”套现金额2%～3%的手续费，对于持卡人来说，这种套现要比在银行贷款支付利息划算。“特约商户”利用POS机收取的手续费扣除与银行结算约1%左右的费用，也牟取了暴利。目前，这种套现比较猖獗。

第四，刷卡购买中国移动手机充值卡来套现。中国移动的手机号码绑定银行卡的功能，只要在手机上发短信就能通过中国银联的指令由绑定的银行卡转账充值话费，还可以在中国移动的营业厅刷卡充值或刷卡购买话费充值卡，同时中国移动还规定销号可以现金退话费。这样就为银行卡套现提供了方便。持卡人先利用短信转账充值 1 万元或者去中国移动营业厅刷卡购买 20 张 500 元面值的充值卡进行充值，然后再带上身份证，去中国移动的营业厅办理销号退款，即轻取 1 万元现金。

不管哪一种套现，持卡人套现得来的钱都是银行的钱，因此首先给发卡银行带来了风险。绝大多数信用卡都是无担保的借贷工具，如果持卡人刷卡购物、消费超过免息期还款或者提现，银行都需要承担还款的风险，所以，银行规定其高额的超期透支利息、高额的提现利息、降低提现额度等措施来防范风险。信用卡套现行为绕过了银行设置的风险防范措施，还原了还款风险。特别是一些中介公司帮助持卡人伪造身份材料办卡、提升信用额度并且非法套现，一旦持卡人无法偿还套现金额，银行损失的不仅仅是贷款利息，还可能是一大笔的资产。

（二）不法分子进行银行卡诈骗风险

1. 利用非法获得的银行卡进行诈骗。不法分子用拾到或其他方式获得的银行卡，通过模仿持卡人签字、伪造身份证明等方法，冒充合法持卡人进行欺诈性消费或取现。

2. 与特约商户或取现网点的不法分子勾结进行诈骗社会上不法分子与特约商户或取现网点的不法分子相勾结，通过伪造的银行卡、更改挂失卡的卡号或过期卡的有效期，骗取货物或现金。

3. 利用投入流通领域的伪造的银行卡进行诈骗不法分子将伪造的银行卡投入流通领域，使特约商户当做真卡接受，上当受骗。

4. 中介机构骗领信用卡，非法占有套现款或者进行“放贷”。

一些中介机构非法收集他人身份证或者身份证复印件，伪造有关的收入证明等，向银行骗领数张、数十张信用卡，然后直接取现。非法套现成功后，有的黑中介拿着现款逃之夭夭，有的发布“无息贷款”“无抵押贷款”等广告，诱骗普通市民上当“贷款”，黑中介机构则从中收取手续费。

（三）特约商户操作不当风险

1. 收款员违规操作。收款员没有按操作规定核对止付名单、身份证和预留签名，接受了本应止付的银行卡而造成经济损失。

2. 收款员操作不当造成“无卡号”单据。收款员压印签购单时，没有将银行卡的卡号压印在单据上，造成“无卡号”单据，使发卡行无法与其结算。

3. 收款员疏忽征询或压印不当持卡人超限额消费，收款员不征询授权或采取分单压印避开授权，使银行失控。

（四）发卡机构内部作弊风险

发卡机构内部个别工作人员利用工作或职务之便，钻管理不严的漏洞，乘机作案，可能发生如下风险：

(1) 非法获得银行卡进行提现或消费的风险。窥视密码程序，擅自打制银行卡或盗窃已打制好的银行卡，冒充客户提取现金或持卡消费。

（2）伪造或修改凭证的风险。伪造或修改取现、记账凭证，骗取现金。

（3）套取现金或消费的风险。内外勾结，擅自超越限额授权，大额、多次套取现金或消费。

（4）非法提现或消费的风险。通过更改电脑资料、更改余额等手法，非法提现或消费。

（5）止付通知或授权信息传递不及时、不保密的风险止付通知现在是由发卡行定期发送给特约商户和取现网点。由于需要经过内部整理、打印、邮寄等程序，因此，每期止付名单一般要几天时间才能发送到特约商户和取现网点。在这段时间里，若被不法分子利用，就可能造成经济损失。而特约商户和取现网点办理授权时，有时用电话办理，若不注意保密，不法分子可能冒充银行授权机构作出授权同意回复。

二、如何安全用卡及防范风险？

1. 银行卡也有“保质期”

善待银行卡，有助于延长“她”的“寿命”。

银行卡最好放在硬皮钱夹里，不能太贴近磁性包扣；要防止尖锐物品磨损、刮伤磁条或扭曲折坏；不要紧贴一起存放，也不要背对背放置，避免磁条相互磨擦。

不要将卡放在微波炉、冰箱等电器的高磁范围内，也尽量不要和手机、电脑、掌上电脑等带磁物品放在一起，以免消磁"变质"。

2. 安全保管银行卡

请将银行卡和身份证分开存放。

在一些需要寄放外套的公共场合，不要将装有银行卡的钱包放在外套口袋，也不要将其置于车内或寄物柜中。

不要转借他人，不可到处炫耀，不要随意泄露银行卡卡号和密码。

请记得将卡号及银行的客户服务电话号码另行抄录并妥善保管，最好在手机的通讯录中也存一份，以便出现意外时可以及时联系。

3. 给自己的银行卡"减肥"

持有多张银行卡并不一定就好，您应根据实际用卡情况，综合比较，对多张卡的功能进行整合。

选择为自己量身定做的银行卡，提高个人资金的管理效率。

不用的"睡眠卡"及时销户，减少不必要的费用支出。

4. 领取银行卡须留意

申领银行卡或因故需补发新卡时，如果是在银行网点领取，应当面检查密码信封是否完整无损。如果是邮寄方式，注意查收新卡信函和密码信封。

收到信函时，先检查信封的封口是否遭拆封、破损或有重新黏合的痕迹。检查信用卡正面的英文凸字姓名、性别与您填写在申请表上的内容是否相同。在卡片背面的签名条上，用签字笔以熟悉的笔体签上自己的名字。

按照发卡银行提示，在银行网点或通过电话银行完成“卡启用”，即开卡程序，并及时ATM（自动柜员机）上修改密码。

如经一段时间仍未收到信函，及时询问发卡银行卡片是否已经寄出，并核对地址，避免中途遗失或盗领风险。

5. 信用额度够用就好

信用卡都有一定的信用额度，拥有过高却使用不到的信用额度可能反而会给您增加麻烦，一旦卡片遭窃，会留下安全隐患。您可以主动要求发卡银行适度调整自己的信用额度，在有大额需用或出境消费前，可以临时申请调高额度。

6. 了解ATM取款金额和次数的限制

一般情况下，发卡银行都在中国人民银行的有关规定下确定了各自银行卡在ATM上当日取现累计限额、单笔取现最高额或每日取款次数。国际卡在境外取款时也会有取款金额、次数的限制。如果您急需较大额度的现金，请及早准备，以免出现“有钱吐不出”的尴尬场面。

7. 如何避免ATM吞卡

按照新的《银行卡跨行业务吞没卡办法》规定，银联各成员机构发行的银行卡在跨行ATM交易过程中，发卡行因持卡人密码输错或输错次数超过发卡行规定，以及磁条信息错误、磁条损坏、过期卡、废卡及其他原因，可以拒绝交易，但不得发送吞卡指令。但对各行在本行系统内ATM交易过程中所出现的问题，仍然按各机构内部管理办法处理。

因此，请注意：一要确认所持卡片的磁条是否损坏、卡片有无超过有效期，不要贸然使用。二是交易完毕后及时取卡，忘记取卡30秒钟后ATM将自动吞卡以防被别人拾取。三是一旦发生吞卡，要注意保管好吞卡后ATM打印的凭条，携带个人有效证件及时到所属银行网点领回卡片，并更改取款密码。

8. 信用卡透支取现有约束

您信用卡的预借现金额度，也就是通常所说的透支取现不是等额不变的，会因您的使用、还款等情况变化而变化。一般情况下会受到三项条件的制约：第一，可用的信用额度。第二，可用的取现额度。第三，ATM取款次数、金额的限制，尽量先阅读机器上的操作指示，了解银行的相关规定。

9. 在办理转账时的注意事项

您在银行柜台或ATM上办理转账业务时，应先确认是否受理此项业务，如果在柜台办理，需出示身份证件，并按要求填写相关的交易单据或凭证，确认转入账户的名称、账户号、转账金额等内容填写正确；如果您是在ATM上办理，应当在规定的时间内输入如转入卡卡号、金额等转账要素。

请妥善保留转账交易凭证（回执）或ATM打印的凭

条，以便发生异常时提交银行查询。

资金到账时间您可以向发卡银行询问。

10. 境外消费要细心

信用卡签购单上有三栏金额：基本消费金额（Base Amount）、小费（Tips）及总金额（Total）。您可在“小费”栏填写支付小费金额与实际消费金额，加总后填入“总金额”栏内，确认无误后再签名确认。总金额一定要算对，如果多写了一个零，小费就给太多了。

需提醒您的是，在国外刷卡时，注意签购单消费金额的币别，例如：1000 日元和 1000 美元可是相差“十万八千里”的。

11. 签名消费卡不离眼

当您将银行卡交给商户收银员时，请尽量让卡片保持在您的视线范围内，并留意收银员刷卡的次数。

请注意签购单是否有两份重叠，认真核对签购单上的金额及币别是否有误。

签名样式尽可能与卡片背面的签名一致。

12. 妥善保管交易凭条

不论在本地还是异地用卡，均应妥善保管交易凭条，最少应该保留至下一个月对账单寄来时，核对无误后再销毁。一方面，将交易凭条与对账单进行明细比对，若发生重复扣款现象，应该及时与银行联系解决；另一方面，不要随意丢弃 POS 和 ATM 打印出的交易凭条，避免泄露银行卡卡号和有效期等关键信息。

13. 及时核对用卡情况

收到对账单应及时核对账务，一旦发现不符，应电话或书面通知发卡银行，查明原因，分清责任。

在“黄金周”、“春节”等长假后，您应及时核对假日用卡情况，需要查账时可通过银行客户服务中心申办查询事宜。具体的账务查询时限请咨询您的发卡银行。如果是由于银行方面的原因造成的，将会很快为您调整。

14. 异常交易处理

刷卡消费时只要未成功打印 POS 单据均视为不成功交易，但不包括卡纸或缺纸的情况。当发生不成功交易时，您可以对卡片的状态和账户余额进行查询，确认卡片状态是否正常以及不成功消费金额是否入账。对于卡片状态不正常的，应查询原因；对于消费金额已入账的，可要求银行协助查询，调回不成功消费金额。

15. 换卡或停卡时怎么办

当您因旧卡磁条损毁或卡片到期向银行提出换卡后，银行会给您换发新的银行卡。收到新卡后，要核对新旧卡的卡号是否一致，注意使用期限。

如果是发生遗失或被盗用的情形换发的新卡，卡号会和旧卡完全不一样，收到新卡后应先完成开卡程序。

如果您主动申请停卡时，请在将卡片剪断寄回前先电话向银行联络，确定卡片已不再使用。

如果银行卡因超过有效期而不能使用时，您账户的债权债务关系仍保持不变。有透支的情况仍需注意还款期限和还款金额。

16. 网络异常不用担心

网络偶然中断时将无法正常用卡。信用卡，可以通过人工授权方式处理。借记卡，一般要等到网络或系统恢复时才能正常受理。

交易在进行中失败有可能导致账户出现误差。发生这种情况不用惊慌，银行一般都建立了相应的差错处理机制，会尽快为您调整有关账户，保证资金安全。

持卡人对账户交易有疑异，应及时联系发卡银行查询交易情况，在查询期间应与发卡银行保持电话或其他方式联系。对于差错调整，应请发卡银行明确处理时间。

17. 及时挂失早安心

信用卡一旦丢失，请您尽快挂失。

挂失一般分为口头挂失和书面挂失。口头挂失一般通过拨打发卡银行的客户服务电话办理，有些银行对于电话口头挂失生效前只协助防范，不承担任何损失，并且口头挂失超过规定时间后会自动解除。有些发卡银行的电话口头挂失是及时生效的。书面挂失是正式挂失，持卡人可亲自到发卡银行办理。如银行同意委托他人办理时，应携带持卡人委托书和相关证件。

在办理挂失后，应注意挂失生效时间和账户的资金变动情况。不在发卡银行所在地发现卡片丢失的，应及时在指定网点办理挂失，同时发卡银行还可以根据您的要求给予适当的紧急取款服务。

18. 卡片突然不能刷了要冷静

刷卡被拒绝的理由可能如下：

商户不是您所持银行卡的特约商户；您的卡片信息无法读取或授权线路不正常，此时可请商户与银行的授权服务中心联系；您的消费金额可能已超过信用额度；信用卡已过有效期，或已挂失停用。

当商户拒绝让您刷卡消费，您可以要求商户说明原因；若您认为处理方式不妥，可与商户商洽；若无法沟通，可致电发卡银行的客户服务中心，作进一步协调处理。

19. 退货返款不用愁

您需要先和商户沟通，请他们更换新的商品或免费进行修理。如果您要退货，您需要向商户要求拿回原来您签过字的签购单。如果该签购单已通过银行进行结算，您应要求商户通过 POS 或压卡做退货交易，将原来的账款冲掉，把已消费的资金重新划回您的账户上。退货时商户不能以现金退还给您。要记住向商户索要退货单作为凭证。

20. 刷卡消费不应被要求加收手续费

按规定，特约商户不应向刷卡者加收手续费。如果刷卡消费被要求加收手续费，您有权拒绝，并可以立即向发卡银行反映。发生此类情况，记住要向商户索要加收手续费的收据或证明，如发票，并妥善保管，作为投诉证据。

21. 已终止交易又被继续扣款的处理办法

遇到这种情况，您要尽快和银行取得联系，询问原因。如果是通过银行办理的银行卡自动缴费业务，需打电话到发卡银行说明情况，必要时出示办理终止缴付业务的书面依据，求得解决。

如果是通过网络办理的邮购业务，您需和办理网上业务的商户取得联系，通知商户停止扣款行为，并要求其出具书面证明。如果商户仍然不为所动，您通知您的发卡银行予以止付。

22. 款额“蒸发”的处理办法

由于通讯或机具故障等原因，您的银行卡在POS或者ATM上交易不成功，ATM实际吐钞金额可能与持卡人扣款金额不符。如果遇到这种情况，您应保留原始凭证，及时向银行提出拒付要求。发卡银行会根据情况调阅原始单据或通过其他手段来查证，只要情况属实，会很快退款给您。

23. 出远门最好提前用一用卡

银行卡如果太久没有使用，可能会有异常情形发生，如在无意中受损，或磁条信息消磁，导致无法使用。所以出远门前最好提前用一用卡，确保外出刷卡无障碍！另外，有些银行设置“卡启用”功能，在初次使用时，应到银行的网点或通过电话银行办理开卡手续，避免出远门后“有卡刷不出”的尴尬。

24. 保证个人资料的安全

一要通过正当途径办卡，勿随意委托他人代办银行卡；二要注意个人资料保密，勿将银行卡相关资料，包括：银行卡卡号、到期日、银行卡密码、身份证号码等信息告知他人。三要谨慎对待要求提供个人资料的可疑电话，问清情况，不要盲目随意提供资料。四是需更改账单寄送地址时，最好本人亲自去电发卡银行办理变更手续。五是勿随意在网络留下自己个人的资料，以防资料外泄。

25. 守住密码最重要

记住，任何人（包括银行工作人员）都无权询问您的个人密码。领卡时，要仔细检查密码信封有无破损，如信封被打开过则立即要求调换。在领卡后立即修改密码。不要将密码信封与银行卡放在一起，更不可随处记写密码。设置密码应选择不易被破译的数字，并且应经常更换。

26. 多个心眼多份安全

要注意 ATM 机上是否有多余装置，如摄像头等，看到要求您提供密码信息的“紧急通知”，要警惕。

最好以授权扣账方式缴纳款项，确保交易安全，若是以 ATM 直接缴付信用卡款项，请认真核对转入账号。

收到可疑信函、电子邮件、简讯、电话等，谨慎确认。对于来路不明或异于往常所收到的对账单，请先与发卡银行联系，切勿贸然转账。

不要在网吧或公司电脑上用银行卡在网上消费。不要在人工看守的公用电话上使用电话银行，确实需要使用时建议使用无人值守的 IC 卡电话。

27. 谨防银行卡被“掉包”

在商户持卡消费时，要谨慎，收回时应确认是不是自己的银行卡。

银行卡请您随身携带，千万不要将钱包及银行卡放置在空车上，以避免让窃贼有机可乘。

不要轻易相信“幸运中奖”等信息，有人别有用心利用手机短信息、因特网和电话推销进口汽车、电脑等便宜商品，骗取持卡人卡号和密码，请小心。您一旦将卡号和密码告诉对方，不法份子会“克隆”卡，从而使您承受不白损失。

28. 网上用卡交易多留心

选择较知名、信誉佳、已运营相当时间且与知名金融机构合作的网站，了解交易过程的资料是否有安全加密机制。

向您熟悉的或知名的厂商购物，避免因不了解厂商而被盗用银行卡卡号或其他的个人资料。若利用信用卡付款，可先向您的发卡银行查询是否提供盗用免责的保障。

注意保留网上消费的记录，以备查询，一旦发现有不明的支出款项，应立即联络发卡银行。

29. 网上消费者如何减少个人资料被盗用

您上网购物时，请先寻找并阅读该厂商的网络保密政策。如无意购买或只想试用，请不要留下个人资料。

在任何时候，都不要在陌生的电子邮件和 WEB 页面中透露您的个人敏感信息，不要随便在网络上输入个人资料，如：身份证号码、银行卡卡号、有效期、密码及居住地址等，退出登录界面前，确认消除输入的个人数据资料。一旦怀疑或发现自己的个人信息可能被盗用，请及时通知银行。

三、[案例] 如何防止自己身份被人冒用骗领银行卡？

2009年5月，厦门市公安局经侦支队接厦门某银行信用卡中心报案称：有人冒用集美大学31名教职员工的身份信息资料，向该银行申办32张信用卡，然后使用这批信用卡通过POS机套取现金31万余元。办案民警经过半年多的缜密侦查，目前成功侦破并顺利侦结这起颇具技术含量和智力成份的信用卡诈骗案，将犯罪嫌疑人李某移送检察院审查起诉。近年来，厦门市使用虚假的身份证明、冒用他人身份向银行骗领信用卡，并将骗得的信用卡用于刷卡套现或透支消费案件屡有发生，2009年，厦门市公安局经侦部门共受理此类银行卡案件55起。本案暴露出发卡银行在核发信用卡过程中潜在的漏洞和当前社会治安管理上存在的诸多问题，希望引起各商业银行、相关职能部门以及各级公安机关的高度重视和严密防控。

网络的便捷性，为犯罪分子实施违法交易、盗取他人信息提供了便利。此类银行卡犯罪分子使用虚假的身份证明办卡，这些身份信息从何而来？据犯罪嫌疑人李某交代，是从网上买来的，通过网络搜索，用QQ和对方（贩卖身份信息的人）谈妥，然后只要支付一定的费用，并打入对方指定的银行账户，对方就从网上发给上百个他人身份信息（包括姓名、身份证号码等），且还可以按照嫌疑人的要求提供的身份信息均为同一单位人员，为伪造他人身份证件做好准备。本案中，发卡银行要求申请人提供个人社保信息打印单，嫌疑人只要登录社会保障卡信息网，输入身份证号码及初始密码（由网页提供），就可以打印出身份被冒用人的社保信息单，甚至可以根据窃得的社保号码，伪造出身份被冒用人的社保卡复印件。

制贩假证等非法活动的存在，为犯罪分子制作虚假身份证明提供帮助。一是制作假身份证，据犯罪嫌疑人李某交代，只要提供姓名、身份证号码及住址等基本信息，通过街上流动的假证贩子，支付一定的费用，短时间内就能制作出所需的假身份证（一代证、二代证都有），还可以按照嫌疑人的要求，附带一张相同的照片，为伪造身份被冒用人的其他证件做足准备。二是制作假工作证，只要付点钱，街上的彩印店会按照顾客提供的样本、照片、姓名等资料，通过扫描、剪切、套印等电脑技术，很快就能伪造出一张顾客所需的工作证复印件。

信用卡套现中介的大量存在，助推此类犯罪分子最终实现其犯罪目的。此类犯罪分子冒用他人身份骗领信用卡的最终目的，是把骗领来的这些信用卡，通过 POS 机刷卡套取现金，并占为已有。报纸、网络上随处可见的套现广告和社会上大量存在的套现中介，帮助这些冒用他人信用卡的犯罪分子轻而易举地实现套现目标。这类信用卡套现非法中介为了赚取高额刷卡手续费（一般在 1% ~1.5% 左右），往往不管前来套现者所持信用卡的来路，有的明知套现者持用他人的身份证、使用他人的信用卡甚至伪造的信用卡，也是“来者不拒、多多益善”。

为防止自己身份被别人冒用，自己的身份证等证件要保管好。在各种需要提供身份证复印件的情况，最好在复印件上标准“仅用于某某情况”，以减少被冒用的可能。

四、如何防范银行卡遗失、ATM 机吞卡、失磁等异常风险？

(一）银行卡遗失后的风险防范

1. 立即电话通知发卡行并办理挂失手续

在银行卡章程或有关协议中明确发卡银行与持卡人之间的挂失责任。银行卡重量轻、体积小且使用频繁，特别是经常在繁华场所刷卡，因此极易丢失。遇此情形，持卡人要立即用电话通知发卡行，简要说明卡丢失时间、地点和经过，要求银行保护其存款账户防止被拾卡人冒领；之后，持卡人应尽快到发卡行办理挂失手续，提交银行卡遗失并停止使用的书面申请，交验持卡人身份证等有关证明，交纳挂失手续费。持卡人如在异地遗失银行卡，可即刻在遗失地代理机构办理挂失手续。如果遗失的卡是副卡，则主、副卡须同时挂失，自挂失之曰起，主、副卡同时停止使用，并一起交纳主、副卡挂失手续费。

2. 勿将失卡情况告诉身边可疑人员

现实生活中许多持卡人的卡是在大型超市等特约商户处丢失的，这类场所人口密集，成分复杂，特别是一些违法犯罪分子混杂在其中，对持卡人的安全用卡造成隐患。因此，持卡人一旦失卡，切忌将失卡情况告诉周围可疑人员，以防这些人员借机捡卡冒领。另外，现实生活中还有些违法犯罪嫌疑人会专门潜伏在大型超市等特约商户的经营场所，寻找持卡消费人员即潜在被害人，一经发现持卡人有失卡迹象后会主动攀谈，以“帮助解决困难”为名了解持卡人失卡经过，并于事后寻卡消费。

3. 仔细回忆失卡经过，尽量找回原卡

银行卡丢失后并不是都没有找回的可能，特别是持卡人在有限的空间内活动时找回的可能性更大。因此，持卡人刚发现卡遗失时，在办理了挂失手续后切勿产生放弃的念头，应尽可能找回，静下心来仔细回忆失卡经过，其间有哪些环节容易造成丢失，什么时间、什么地点，何人在附近等，然后依次回到事发地点仔细寻找，只要有一线希望就要争取，避免日后补卡带来的麻烦。

(二) ATM 机吞卡时的风险防范

1. ATM 机吞卡的常见原因

(1) 密码三次输入错误。

(2) 交易完成后没有及时取回卡（一般在 30 秒内）。

(3) 在屏幕没有提示的情况下强行将卡插入。

(4) 过期卡或止付卡。

(5) 卡磁条损坏。

(6) 通信、系统突然中断或故障。

2. ATM 机吞卡后的风险防范

（1）耐心检查 ATM 机，判定是属于机器吞卡还是人为吞卡。出现吞卡现象不一定都是机器吞卡，日常生活中经常发生犯罪分子在 ATM 机上设吞卡装置以骗取持卡人银行卡的事例，他们利用持卡人不懂得吞卡原因及吞卡后弃卡离去的心理弱势，根据 ATM 机的工作原理专门设计各种吞卡装置，以骗卡为职业，整天潜伏在 ATM 机旁边将吞卡装置安装在 ATM 机内并寻找作案机善，一旦伸手屡屡得逞。

（2）人不离开，电话求助。吞卡事件发生后，无论属于机器吞卡还是人为吞卡，持卡人都不应该立即弃卡离开，而应给安装该 ATM 机的商业银行打电话求助。让银行专业工作人员前来检查机器并排除故障，以免给犯罪分子可乘之机。

（3）不要轻信身边可疑人员。吞卡后身边可能会有其他刷卡人出谋划策，其中既有善意帮助者，也有恶意骗卡人，对此持卡人应谨慎处理，有益的建议应该采纳，但对形迹可疑人员的花言巧语一定要有所戒备，如当有人指点你去银行内找工作人员处置时，切不可轻信而作出弃卡离去的下策，否则卡可能会被该可疑人员骗取。

3. 吞卡后办理领卡

正常吞卡在 3 个工作日内，持卡人应持有效身份证件及吞卡凭据到吞卡储蓄网点认领卡；如 ATM 机不在网点的，请直接与 ATM 机所属银行联系。3 个工作日内未认领的卡，或背面无签名、卡面无姓名的卡，持卡人凭有效身份证件于吞卡的十个工作日后到发卡行认领。

（三）磁化后的风险防范

1. 银行卡被磁化的常见原因

磁条卡信息丢失存在三种情况：

（1）卡放在包中，被带有磁性的物体磁化，特别是手机及磁性包，对磁条卡有很大影响。

（2）不经意的划伤，也将使银行卡无法使用。

（3）个别卡片存在质量问题，这样可到银行更换。

2. 防磁化措施

（1）不要将银行卡靠近磁场以防磁化。生活中的磁场很多，手机、磁铁等，尤其是许多女士经常将手机和银行卡同时置于手提包中，长时间的接触，银行卡被磁化，这样的先例举不胜举。

（2）不要与小刀、钥匙等物品放在一起，以免划"伤"导致卡消磁。将银行卡放在手提包中，钥匙、钢笔等硬质物品与卡面磁条摩擦后会损坏磁条信息，导致消磁，因此，持卡人一定要养成良好的用卡习惯，平时尽量不要将卡与上述硬质物品混杂在一起。

3. 磁化后的风险防范

（1）切勿弃卡，妥善保管。持卡人无意中将卡与带磁物品放在一起可能被磁化或到 POS 机刷卡时确认被磁化后，切记不要将卡扔掉，相反更要妥善保管好被磁化了的卡，以备补磁或补办。

（2）及时补磁补办。持卡人发现卡被磁化后应尽反映到发卡行补磁，如果该卡已无法补磁则要及时补办新卡，由持卡人提出要求，同时将被磁化的卡交回发卡机构并交纳补卡的手续费，补领新卡。

（四）其他防范措施

1. ATM 机旁诈骗信息的防范

许多持卡人都曾反映：他们经常在 ATM 机发现“警示性”信息，如“客户同志：由于本机出现故障，敬请……”这类信息有些确属银行张贴以通知持卡人，然而有些信息却是违法犯罪人员张贴的，以“吞卡”骗取持卡人的卡。因此遇此情形，持卡人要格外小心，认真鉴别 ATM 机或 POS 机上“信息”的真伪，不要轻信贴在 ATM 机上的“公告”，如果真假难辨，可主动与发卡行联系，寻求解决。

2. 在银行防范措施不力的阶段，卡上不要存入或保留太多现金

银行卡犯罪同其他类型犯罪一样，也具有地域性、阶段性特点，即某一特定地区在某些时期内该类犯罪比较猖獗，而在另一时期或许相对发案少，这与银行防范措施的采取及公安机关的打击力度有关。对此，持卡人也应有相应的策略，在防范严密时期可安全用卡，而在防范不严或打击不力的情况下尽量不要将大量现金存入卡内。

3. 如有附卡，主持卡人应经常审核附卡使用情况，不能疏于防范

主、附卡的使用要配套进行，以主卡为主，不可互相

影响，主持卡人定期审核附卡，查对二者的资金情况是否一致，如果发现问题要立即与发卡行取得联系，查清问题原因，及时予以解决。

4. 参加信用卡保险，将风险责任转嫁给保险公司

为防止意外风险损失，持卡人还可向保险公司申请参加保险，这是降低和减小风险的一种补救措施。当然这种风险防范目前尚未在国内推广和普及，但已出现，如人保财险上海分公司已和浦发银行达成协议，为该卡的持有人提供购物保障和旅行延误保险——这是国内第一个信用卡持卡人保险。

第六章　银行卡使用成本费用

信用卡在使用过程中会产生以下费用：信用卡年费、手续费、利息、滞纳金。

其中，年费一般会免除首年年费，一般银行都是刷够多少次数免下一年的年费，银行不同，次数要求也不同。一般要求3~5次，就普卡而言，深发展要求最高，一年内刷够18次，这是要稍加注意的。

手续费包括取现手续费，货币兑换手续费/补卡换卡收取费，挂失手续费、分期付款手续费、补寄账单手续费等，这些费用各银行收取都不一样，要根据银行而定的。

利息一般按每日万分之五计算，需要提示的是，取现利息没有免息期，且是按照复利来计算的。所以，如果能按时还款的话，尽量全额归还，否则利息也会吓死人的。

一、银行借记卡一般都涉及哪些费用？标准如何？

以兴业银行“自然人生”家庭理财卡为例，银行借记卡（或者储蓄卡、理财卡）一般会涉及到下面的一些费用，当然收费标准兴业银行总体是偏低的：

"自然人生"家庭理财卡收费标准

业务名称			黑金客户	白金客户	黄金客户	普通客户收费标准
"精灵信使"短信服务			免费	免费	1元/月·卡，新申请该服务的客户，免收其当月服务费	
年费			暂不收费			
开卡、换卡			暂不收费			
卡挂失			免费	免费	按标准5折收费	10元人民币/笔
密码挂失			免费	免费	按标准5折收费	5元人民币/笔
行内存款	柜面	同城	暂不收费			
行内存款	柜面	异地	免费	免费	按标准5折收费	按存款金额的0.1%收取，最高收人民币20元（外币等值），不足人民币1元按1元收取（省内分行间暂不收取）
行内存款	ATM/CDM/CRM	同城、异地	暂不收费			
行内取款	柜面	同城	暂不收费			
行内取款	柜面	异地	免费	免费	按标准5折收费	按取款金额的0.3%收取，最高收人民币500元（外币等值），不足人民币1元按1元收取（省内分行间暂不收取）
行内取款	ATM/CDM/CRM	同城、异地	暂不收费			
行内转账	柜面、电话银行、网上银行、ATM/CDM/CRM	同城、异地	暂不收费			

续表

“自然人生”家庭理财卡收费标准						
业务名称			黑金客户	白金客户	黄金客户	普通客户收费标准
ATM跨行取款	境内		免费	免费	按标准5折收费	无论同城或异地，每月头3笔免费，从第四笔开始每笔收取手续费2元人民币（厦门地区从第1笔开始收费，每笔2元人民币）
	境外		免费	免费	按标准5折收费	人民币16元/笔
跨行汇款	柜面	同城	福建省内分行按5.5元/笔收费（其中黑金、白金卡客户免费，金卡客户按标准5折收费）；福建省外分行暂不收费			
		异地	免费	免费	按标准5折收费	手续费统一按0.5元收取，电子汇划费1万元（含）以下收费5元；1万~10万元（含）收费10元；10万~50万元（含）收费15元；50万~100万元（含）收费20元；100万元以上按照0.02‰收费，最高不超过200元
	网上银行	同城	暂不收费			
		异地	免费	免费	按标准5折收费	手续费统一按0.5元收取，电子汇划费1万元（含）以下收费5元；1万~10万元（含）收费10元；10万~50万元（含）收费15元；50万~100万元（含）收费20元；100万元以上按照0.02‰收费，最高不超过200元

续表

“自然人生”家庭理财卡收费标准						
业务名称			黑金客户	白金客户	黄金客户	普通客户收费标准
实时跨行转账	网上银行	同城	免费	免费	按标准5折收费	1万元（含）以下，每笔收费5.5元；1万~5万元（含），每笔收费10.5元
		异地	免费	免费	按标准5折收费	1万元（含）以下，每笔收费5.5元；1万~5万元（含），每笔收费10.5元
银联跨行转账	ATM/CDM/CRM/金融自助通	同城	免费	免费	按标准5折收费	转账金额1万元（含）以下的，每笔3元人民币
			免费	免费	按标准5折收费	转账金额1万元至5万元（含）的，每笔5元人民币
			免费	免费	按标准5折收费	转账金额5万元至10万元（含）的，每笔8元人民币
			免费	免费	按标准5折收费	转账金额10万元以上的，每笔10元人民币
		异地	免费	免费	按标准5折收费	按交易金额的1%作为交易手续费，最低为5元人民币，最高50元人民币
	网上银行	同城	免费	免费	按标准5折收费	转账金额5000元（含）以下的，每笔2元人民币
			免费	免费	按标准5折收费	转账金额5000元至5万元（含）的，每笔3元人民币
			免费	免费	按标准5折收费	转账金额5万元以上至10万元（含）的，每笔5元人民币

续表

“自然人生”家庭理财卡收费标准

业务名称			黑金客户	白金客户	黄金客户	普通客户收费标准
银联跨行转账	网上银行	同城	免费	免费	按标准5折收费	转账金额10万元以上的，每笔8元人民币
		异地	免费	免费	按标准5折收费	按交易金额的0.5%作为交易手续费，最低5元人民币，最高50元人民币
跨行查询	境内		暂不收费			
	境外		免费	免费	按标准5折收费	人民币2元/笔

说明：

1. 汇入行当地有兴业银行营业网点的，用兴业E卡通过网上银行进行跨行汇款不收手续费，兴业E卡其他业务的收费标准与“自然人生”家庭理财卡（含兴业借记卡、联名卡）相同。
2. 行内转账及银联跨行转账均可实时到账。
3. 外币相关业务收费参照人民币业务收费标准，按当日即时汇率折算。
4. 各分行当地监管机构另有规定的，遵循当地规定。
5. 各分行如有其他特殊政策或优惠活动，均不在此一一列示，具体情况请咨询当地营业网点。

好比ATM跨行取款手续费，无论同城或异地，每月头3笔还免费，从第四笔才开始每笔收取手续费2元人民币，这比大部分银行就优惠一些了。

通过网银同城跨行转账，兴业也是免费的，这跟有的银行的收费相差就多了，如果转账金额比较大，那么通过兴业就可以省下不少钱。

二、银行信用卡一般都收取哪些费用？标准如何？

以工商银行为例，信用卡一般会涉及到如下一些费用，工行的收费不算低的：

收费项目	收费标准			备注
年费	牡丹双币贷记卡	个人卡	牡丹白金卡主卡2000元/卡/年；牡丹白金卡副卡1000元/卡/年	
			金卡主卡200元/卡/年；金卡副卡100元/卡/年	
			普通卡主卡100元/卡/年；普通卡副卡50元/卡/年	
		商务卡	金卡400元/卡/年；普通卡200元/卡/年	
	牡丹人民币贷记卡	个人卡	金卡主卡100元/卡/年；金卡副卡50元/卡/年	
			普通卡主卡50元/卡/年；普通卡副卡25元/卡/年	
		商务卡	金卡200元/卡/年，普通卡100元/卡/年	
	牡丹准贷记卡	个人卡	金卡主卡：50元/卡/年；金卡副卡25元/卡/年	
			普通卡主卡：25元/卡/年；普通卡副卡12.5元/卡/年	
		商务卡	金卡100元/卡/年，普通卡50元/卡/年	
	牡丹专用卡	个人卡	20元/卡/年	
		商务卡	20元/卡/年	

续表

<table>
<tr><th>收费项目</th><th colspan="3">收费标准</th><th>备注</th></tr>
<tr><td rowspan="5">年费</td><td>牡丹智能卡</td><td rowspan="3">个人卡</td><td>电子钱包卡可续存钱包卡 10 元/卡/年</td><td rowspan="5"></td></tr>
<tr><td rowspan="2">牡丹国际借记卡</td><td>平面卡 10 元/卡/年</td></tr>
<tr><td>凸印卡 50 元/卡/年</td></tr>
<tr><td>牡丹联名卡（认同卡）</td><td></td><td>年手续费可高于所依附的卡种的收费标准。其他收费项目同所依附的卡种</td></tr>
<tr style="display:none"><td></td></tr>
<tr><td>工本费</td><td colspan="2">彩照卡</td><td>除所依附的卡种收费标准外，另加收 50 元/卡</td><td></td></tr>
<tr><td rowspan="3">新发卡</td><td colspan="2">EMV 标准卡</td><td>50 元/卡</td><td rowspan="3"></td></tr>
<tr><td rowspan="2">牡丹智能卡</td><td rowspan="2">电子钱包卡</td><td>可续存钱包卡 40 元/卡</td></tr>
<tr><td>不可续存钱包卡 20 元/卡</td></tr>
<tr><td rowspan="3">补发卡/换发卡</td><td colspan="2">EMV 标准卡</td><td>50 元/卡</td><td rowspan="3"></td></tr>
<tr><td rowspan="2">牡丹智能卡</td><td rowspan="2">电子钱包卡</td><td>可续存钱包卡 40 元/卡</td></tr>
<tr><td>不可续存钱包卡 20 元/卡</td></tr>
<tr><td rowspan="5">挂失</td><td>牡丹双币贷记卡</td><td colspan="2" rowspan="4">20 元/卡，牡丹白金卡免费</td><td></td></tr>
<tr><td>牡丹人民币贷记卡</td><td></td></tr>
<tr><td>牡丹准贷记卡</td><td></td></tr>
<tr><td>牡丹国际借记卡</td><td></td></tr>
<tr><td>牡丹专用卡</td><td colspan="2">10 元/卡</td><td></td></tr>
</table>

续表

收费项目		收费标准	备注
补制账单	牡丹双币贷记卡	索取两个月（不含）前的对账单 5 元/月/份；牡丹白金卡免费	
	牡丹人民币贷记卡		
	牡丹准贷记卡		
调单	牡丹双币贷记卡	国内交易正本 50 元/份，副本 10 元/份；国外交易副本 5 美元/份或 5 欧元/份；牡丹白金卡免费	
	牡丹人民币贷记卡		
	牡丹准贷记卡		
	牡丹国际借记卡		
信函快递	牡丹双币贷记卡	20 元/封；牡丹白金卡免费	
	牡丹人民币贷记卡		
	牡丹准贷记卡		
	牡丹国际借记卡		
重置密码	牡丹双币贷记卡	10 元/次，牡丹白金卡免费	
	牡丹人民币贷记卡		
	牡丹准贷记卡		
	牡丹国际借记卡		
信用卡授信证明	单位	100 元/份	
	个人	50 元/份	

续表

收费项目	收费标准			备注
超限费	牡丹双币贷记卡	按超信用额度部分的 5% 收取，最低 1 元人民币或 1 港币或 1 美元或 1 欧元，最高 500 元人民币或 500 港币或 100 美元或 100 欧元		
	牡丹人民币贷记卡	按超信用额度部分的 5% 收取，最低 1 元，最高 500 元		
滞纳金	牡丹双币贷记卡	按最低还款额未还部分的 5% 收取，最低 1 元人民币或 1 港币或 1 美元或 1 欧元，最高 500 元人民币或 500 港币或 100 美元或 100 欧元		
	牡丹人民币贷记卡	按最低还款额未还部分的 5% 收取，最低 1 元，最高 500 元		
外汇兑换手续费	牡丹双币贷记卡	威士卡：1%；万事达卡：1.1%；运通卡 1.5%（由美国运通公司收取）		
	牡丹国际借记卡	威士卡：1%；万事达卡：1.1%		
境内紧急补换卡	牡丹双币贷记卡	40 元/卡		
境外紧急挂失服务	牡丹双币贷记卡	威士卡	金卡免费，普卡和商务卡 35 美元/卡或 35 欧元/卡	
		万事达卡	35 美元/卡或 35 欧元/卡；联络电话前两个免费，从第三个开始，每个电话另加收 7.75 美元或 7.75 欧元	

续表

收费项目	收费标准			备注
境外紧急挂失服务	牡丹国际借记卡	威士卡	35 美元/卡	
		万事达卡	35 美元/卡；联络电话前两个免费，从第三个开始，每个电话另加收 7.75 美元	
境外紧急取现服务费	牡丹双币贷记卡	威士卡	金卡免费，普卡和商务卡 175 美元/次或 175 欧元/次	威士、万事达双币贷记卡和国际借记卡境外紧急取现手续费、境外紧急补卡手续费即使因为申请人主动放弃或遭发卡行拒绝，致使申请的紧急取现或紧急补卡服务未能完成，国际组织仍要为此收取 50 美元的服务费
		万事达卡	95 美元/次或 95 欧元/次；联络电话前四次免费，从第五次开始，每次电话另加收 7.75 美元或 7.75 欧元	
		运通卡	8 美元/次	
	牡丹国际借记卡	威士卡	175 美元/次	威士、万事达双币贷记卡和国际借记卡境外紧急取现手续费、境外紧急补卡手续费即使因为申请人主动放弃或遭发卡行拒绝，致使申请的紧急取现或紧急补卡服务未能完成，国际组织仍要为此收取 50 美元的服务费
境外紧急补卡服务	牡丹双币贷记卡	威士卡	金卡免费，普卡和商务卡 175 美元/卡或 175 欧元/卡	威士、万事达双币贷记卡和国际借记卡境外紧急取现手续费、境外紧急补卡手续费即使因为申请人主动放弃或遭发卡行拒绝，致使申请的紧急取现或紧急补卡服务未能完成，国际组织仍要为此收取 50 美元的服务费
		万事达卡	148 美元/卡或 148 欧元/卡；联络电话前四个免费，从第五个开始，每个电话另加收 7.75 美元或 7.75 欧元	
		运通卡	125 美元/卡	

续表

收费项目	收费标准		备注
代理外卡取现收单	威士卡、万事达卡	在指定网点办理柜面取现，按取现金额的3%收取	向持卡人收取
	大来卡	在指定网点办理柜面取现，按取现金额的4%收取	向持卡人收取
异地取款及转账付出	人民币：按金额的1%收取，最低2元，最高100元		
	外币：按金额的2.9%收取，最低3港币或3美元或3欧元（含境内外）。牡丹白金卡境内交易免费		
持卡向本人信用卡异地存款及转账存入	人民币：按金额的0.5%收取，最低2元，最高100元		
	外币：按金额的0.5%收取，最低3港币或3美元或3欧元，最高100港币或15美元或15欧元（含境内外）。暂不收取。牡丹白金卡境内交易免费		
无卡向信用卡异地存款及转账存入	人民币：按存款及转账金额的0.5%收取，最低2元，最高100元；外币：按存款及转账金额的0.5%收取，最低3港币或3美元或3欧元，最高100港币或15美元或15欧元（含境内外）。暂不收取。牡丹白金卡境内交易免费		无卡指无本人信用卡。与我行签订财务集中管理协议的对公客户向其员工信用卡无卡汇款免收
跨境查询	4元/笔		
人民币账户/卡跨境ATM取现	按（取现金额的1%+12元）人民币收取，最低14元/笔，最高112元/笔		
跨行ATM取现	4元/笔，异地取现另加收异地取款手续费		除广东、厦门、浙江、江西等地执行4元/笔，其他地区执行2元/笔

当然也不是说他的收费每一项都偏高，有些收费好比白金信用卡年费2000元，相对有些银行的好几千元甚至上

万元，不算高了。

三、信用卡年费如何减免？

信用卡年费虽然很少引起人们的注意，但却是一种潜在成本。由于近期几家信用卡中心年费政策有所变动，提醒广大持卡人多留一个心眼。

自从银监会规定在持卡人激活信用卡前银行业金融机构不得收取任何费用以来，不少持有睡眠卡的持卡人真是松了一口气，只要不开卡，就不需要为年费担心。不过，已经开卡的持卡人却遇到了麻烦。

前一段时间有网友反映，她突然收到了银行催款通知书，被告知需要支付信用卡年费，而在她的记忆中，已经达到了银行规定的免年费刷卡次数。经过查询后她发现，银行信用卡年费政策有了变动，免年费的刷卡次数标准有了不小的提高，未能达到新标准的她只能默默承受这突如其来的年费。

1. 不同信用卡年费标准各异

大部分银行的年费标准是，一般标准信用卡普卡年费在 100 元左右，而金卡年费一般为 200 元或 300 元，白金卡从几百元到上万元不等。单币卡年费较双币卡更低。附属卡年费一般对应主卡年费减半。

不过，各家银行信用卡年费标准根据卡片不同也会有所差异。比如，浦发银行标准信用卡普卡年费主卡 180 元，附卡 90 元；金卡年费主卡 360 元，附卡 180 元；而浦发上航联名卡的年费要 360 元；至于浦发麦兜系列信用卡，更是亮出了“终身免年费”的招牌。因此，即便是同一个信用卡中心发行的信用卡，年费标准也会有很大出入，持卡人在办卡时应该先问问清楚这个“潜在成本”有多高。

2. 免年费政策值得注意

其实对大部分持卡人来说，年费的高低并不是问题，关键是免年费的指标是否容易达到。目前大部分信用卡中心并没有调整原本免年费的标准，只有极个别的进行了上调。

目前，大部分信用卡都能免去首年年费，而之后每年的年费可以通过刷卡满一定次数或是满一定金额来减免。标准相对较低的是建设银行和光大银行的标准卡，只要持卡人年度刷卡满 3 次就可以免去次年年费，其中，光大信用卡主附卡之间还可以合并累计刷卡次数，也就是主卡及附属卡一共刷满 3 次就可以双双免去年费。

交通银行目前的免年费政策是首年免年费，一年内刷满 6 次（不限金额）免次年年费，主卡、附属卡的刷卡次数可以合并计算。不过，信用卡中心可能在近期内推出新的年费标准，届时将在信用卡中心网站进行公告，持卡人也将收到相应通知。如果免年费政策有所改变，持卡人可不要忘了调整刷卡策略。各银行年费政策，可以上银行网站查询，或者打信用卡热线询问。

浦发银行的免年费政策比较特殊，标准卡普卡持卡人需要消费满 2000 元、金卡持卡人需要消费满 5000 元才可免次年年费。其他浦发卡的免年费标准也各不相同，比如上航联名卡持卡人需要年度消费 3000 元方可免次年年费。

民生银行和深圳发展银行的免年费标准相对较高。前者需要持卡人年度内刷满 8 次可免次年年费，后者则把标准提高到 18 次，而且，两家信用卡中心均规定主卡与附属卡需要单独计算刷卡次数，任一卡片没有达标，都需要缴纳相应的年费。

在银行免年费政策中，一般涉及到“首年”、“第二年”等字样，不过各家银行的计时起始时间是不同的。有的银行从持卡人开卡日算起至次年的当天为一年，这一年之内免除年费，比如建行、广发银行等，而有的银行则从核卡之或制卡日开始计时，之后每年年费金额体现在核卡日或制卡日当月的账单中，如交通银行、招商银行等。后一种情况下，如果持卡人在申请信用卡后第一年内没有开卡使用，一直拖到第二年才开卡，那么很可能将被直接计收年费，因为按照银行的计时规则，持卡人“首年”并没有达到刷卡次数或刷卡金额。

面向高端人群发行的白金信用卡不仅年费高昂，而且几乎不能免年费。由于白金信用卡持卡人可以在出示卡片后享受机场贵宾厅服务、高尔夫优惠订场、特定酒店商场折扣优惠等等，所以有些白金信用卡无论持卡人激活与否，只要卡片一经核发，均需要支付年费。比如在兴业银行高端 GOLF 白金信用卡网页上可以看到以红色粗体字标识的重要提示：“卡片一经核发，无论激活与否，均收取年费；兴业银行对已收取的年费不再予以返还；若因逾期未交纳年费造成个人信用记录的不良影响，兴业银行概不负责。”

3. 变相年费事先问清

虽然各家银行普遍打着“刷满×次免年费”或是“刷满××元免年费”的广告，但变相年费的手段却是层出不穷，一些粗心大意的持卡人往往容易掉入“陷阱”。

比较常见的变相年费有“专项服务费”，或是一次性收取“入伙费”、“工本费”等等。比如，我们曾经介绍过的 DIY 信用卡都享受免年费的待遇，但是制卡的成本费却是不能省去的，又比如有些银行虽然表面给持卡人派送申办、开卡好礼，但实际上却需要持卡人额外支付一定的入伙费。还有一些信用卡的服务中设有诱人的“非免费”项目，在办卡首年，持卡人必须先支付一笔相关的服务费，到次年如果不需要该服务可以退订，如果想要继续保留，则必须再次支付服务费。还有一些信用卡明明白白告诉持卡人不免年费，但能提供比一般信用卡更多的服务，比如积分优惠、机票奖励等等。类似以上这些花钱买礼品、买服务的做法实际上都会增加持卡人的用卡成本，在申请时应该先衡量一下其中的得失。

四、[案例] 信用卡利息：怎么“还不完”？

2010 年 6 月 14 日和 6 月 16 日，因急用现金，市民柳先生持信用卡通过 ATM 分别取款 2000 元，同时致电该银行服务热线电话得知，信用卡取现每日利息是万分之五。

柳先生的信用卡已经绑定其借记卡可自动还款，每月17日出账单，次月5日自动还款。6月17日的账单显示，本期还款额4046元，除了4000元本金，还有两次取现手续费共40元，循环利息6元。在7月5日还款日之前，柳先生到银行柜台向绑定的借记卡账户中存了3800元现金，加上账户中原有的500多元，共4300多元。

柳先生本来以为借记卡上的钱足够还款了。但让他感到不解的是，7月17日的当月信用卡对账单上显示，产生了34.05元的循环利息。“我账户中的钱远远超出我欠银行的钱，而且在还款日前我也足额存上了，怎么还会产生循环利息？”柳先生说，在6月份取现之后，至7月份账单日期间，他并未使用这张信用卡进行任何消费，为何信用卡还会显示欠银行利息呢？

银行解释：“时间差”导致利息循环出现。

对于柳先生遇到的问题，该银行信用卡中心工作人员解释称，信用卡取现的利息自取现当天开始计算，而且是复利。柳先生开通了绑定的借记卡自动还款功能，自动还款只能扣除账单日（每月17日）之前的利息，账单日之后的利息只能计算到下月记账日。也就是说，7月5日柳先生的借记卡自动还款，只还了6月17日账单日之前的利息。而信用卡的取现利息每天都在产生，6月18日至7月5日之间这段时间，信用卡仍然在以每日万分之五的复利进行增长，这部分利息就会体现在7月17日的账单上，为

34.05 元。

如果柳先生仍然采用自动还款的方式，下一个还款日8月5日，也只能还34.05元这笔利息，而34.05元又在7月18日至8月5日这个时间差中又生出了利息。所以，下月柳先生仍面临着这个问题。难道循环利息没有尽头了吗？工作人员说，不会的，但人工无法计算到底何时才能还完。

对于银行的解释，柳先生觉得很气愤。“取现容易还款难，银行单方面制定了有利于自己的收费规定，这太不合理了。自动关联还款本来是为了维护银行和消费者双方的利益，确保及时还款，没想到却出现了循环利息，这分明就是陷阱。”

那么，柳先生怎样做才能尽快摆脱这个信用卡取现的复利还不完的情况呢？银行工作人员建议，柳先生可以将钱直接存到信用卡上，并且多存一点冲抵取现产生的各种费用，这样循环利息就可以终止了。

业内人士直言：不免息且计收复利是“行业性的”。

据了解，不单是柳先生这家银行的信用卡存在这种可能导致消费者出现利息还不完的情况，这是各家银行普遍实行的政策。某商业银行信用卡中心企划经理介绍，信用卡取现不享受免息期且收取循环利息的做法是行业性的。

很多信用卡客户都会绑定借记卡进行还款，但由于自动还款不会对未出的账单进行还款，所以在账单日和还款日的时间差中利息不断产生利息，所以就容易遇到柳先生所遭遇的问题。所以绑定自动还款的信用卡用户应该尤其注意这个问题。

令人意外的是，不仅自动还款客户容易陷入利息还不完的“怪圈”，即使取现后将钱直接还到信用卡上，也会出现这样的情况。据调查得知，各银行计算信用卡取现利息的方式有细微差异，如有的是按日计单利、按月计复利，有的银行则是按日计复利。由于银行总是在账单日才进行对账还款，如果将钱直接存入信用卡，尽管当时可以在ATM机上查询到余额为零或者正数，但存入的钱和欠银行的账也得等到信用卡的账单日进行冲抵，这段时间将继续计算利息。

那么，客户在收到账单后马上还钱能否避免利息还不完呢？答案依然是不能。按照最理想的情况，客户在账单日当天查询欠了多少钱，如数将钱存入信用卡，但是账单日显示的是截至账单日前一天的利息，账单日当日产生的利息无法在ATM机上体现，而要到下一个账单日才能显示，所以，账单日当日的利息又将计入下一个账单日，直接存钱到信用卡上的钱仍然不能一次还清。

“正因如此，不论是针对自动还款的客户，还是对于通过其他形式还款的客户，在取现金后，一般会发现其后续2~3期的账单上产生循环利息的情况。”该企划经理说，建议客户最好不要用信用卡取现，取现后应该直接将钱存入信用卡中，并且多存入一小部分，能最大限度地避免循环利息不断产生，尽快还清取现利息。

五、[案例] 信用卡利息：少还0.8元，利息上千元?

少还几毛钱，却要按全额计付透支利息！在信用卡刷卡消费中，部分还款逾期却要按全额计息的规则，一直是个容易引起纠纷的话题。今年以来，部分银行将透支利息收取标准由全额计付改为部分计付，信用卡市场出现了较大的差异化。消费者选择信用卡时应多留意发卡行的计息方式。

案例：少还0.8元利息上千元

去年10月20日，王先生刷卡消费了约5万元。在到期还款日12月5日前，他往还款账户里存了5万元，以为已经全额还款，可事后查账单后才发现，由于记错还款额，少还0.8元。银行在今年1月5日的还款日对他计了两笔共1142元的利息。其中一部分为50000.8元的消费总额在10月20日到12月5日原本应属免息期间的透支利息，另一部分为该透支利息和0.8元欠款在12月5日到今年1月5日之间的透支利息和本金。

目前绝大部分银行的信用卡章程规定，信用卡透支利息按全额收取。所谓透支利息，就是还款人在到期还款日（含）前只偿还了不低于最低还款额，但是未全额还款时，银行对持卡人收取的利息。

目前，各家银行的透支利息基本都按日息万分之五收取的。不过，在具体计算方式上有较大差别，如目前大部分银行规定，不管还款人在到期还款日还了多少钱，只要没有全额还款，都要以消费金额的全额为基数，收取透支利息。

今年以来，有少数银行打破了行业内通行的部分还款逾期全额计息的规定，对信用卡透支利息推出了部分计息的方法，使得像王先生那样由于疏忽而没有全额还款的用户利息负担大大减轻。

例如，今年1月，工行修改了其信用卡章程，新章程规定："持卡人可按照对账单标明的最低还款额还款。按照最低还款额规定还款的，发卡机构只对未清偿部分计收从银行记账日起至还款日止的透支利息。"

如案例中的王先生，如果按工行的新章程，则只需支付0.8元未还款在45天里的透支利息，和该部分透支利息及0.8元本金在其后30天里的透支利息，两部分相加，总计不过2分钱。

复利单利计息也有差别

在挑选信用卡时，除关注比较银行明示的各种费用的差别外，还要特别注意透支利息的计付方式。

不同银行对于透支利息的计算方式也不同，如建行、工行等大部分银行规定，透支利息按月计收复利，不过农业银行则规定，透支利息按月计收取单利。

仍以案例中王先生的情况为例，假设按50000元计付透支利息，如果按复利计息，则在45天的透支期内产生的1125元利息在第2个月不用计息，如果按复利计息，则该笔利息在第2个月仍要按万分之五的日息计息，大约要多交 17 元左右的利息。

关于利息的计算，请记住以下几点：

对于消费刷卡而言，如果你到期前全额还款，那么是没有利息的。但如果到期不是全额还款（即使差一点），那么将会从消费日起，分笔计算利息（按日利率万分之五计）；已还部分利息记到还款日的前一天，未还的部分将记到账单日那一天。如果有预借现金，那么将从预支当天开始计，一直记到还款的前一天为止。

每月还款时是优先还利息和手续费的，其次是最低还款额的未还足部分以及超出信用额度的部分，这些都是 100% 要还的。未还的消费余额和预借现金余额是按 10% 计，这些加起来就是每月的最低还款额。

到账单日，利息会体现在账单里，如果你是在最后还款日才还款，那么，从账单日到最后还款日之间的这些天，利息这部分也会被计上利息——这即是所谓的利滚利，这部分利息的利息会体现在再下一期的账单里。如果你在账单日的后一天就立即还款，只要能将利息部分还掉，那么就不会产生利滚利了。

也就是信用卡利息的计算，使用的是循环利息的概念，所谓的循环利息，也就是复利，俗称利滚利。

六、滞纳金如何计算？

信用卡滞纳金计算方法如下：如果您在到期还款日实际还款额低于最低还款额，最低还款额未还部分要支付滞纳金。滞纳金的比例由中国人民银行统一规定，为最低还款额未还部分的5%。信用卡中心对人民币账户最低收取人民币10元，美元账户最低收取1美元。

如本期账单最低还款额为1000元，而在最后到期还款日仅还款400元，少还600元，那就要支付滞纳金30元。计算公式：30=(1000-400)×5%，所以持卡人在还款时一定要谨慎，不能花了冤枉钱。注意这里的5%是一个账务周期的费率，如果折成年率，那成本之高是相当惊人的！另外，滞纳金是一个月一结，所以它还是以月按复利计算！

案例：信用卡透支一年生6万元滞纳金？

持卡人欧先生一张信用额度为12万元的信用卡，全额透支一年被要求交纳6万元的滞纳金。欧先生认为民生银行滞纳金过高，属于霸王条款。其向银监会申请行政复议未果，将银监会诉至法院。

欧先生于2006年10月，办理了一张信用额度为12万元的民生银行信用卡。当时的还款方式规定，最低还款金额是10%，之后“还多少便可透支多少”，欧先生一直按时还款。

2008年11月6日，民生银行信用卡调整还款方式，不能循环使用信用卡。当时欧先生已透支了12万元，而因金融危机影响，他连最低还款都还不上。2009年3月，欧先生因逾期未还款被民生银行停卡。2009年12月，他陆续将12万元透支款还上，但仍欠银行6万余元滞纳金。

欧先生称，因信用卡逾期还款超过6个月，他的名字上了央行征信逾期名单，造成其他贷款和融资渠道断裂。

欧先生认为，根据银监会批复的民生银行信用卡章程，滞纳金是贷款利率的10余倍，属于霸王条款。于是欧先生向银监会申请行政复议，但却被银监会以超过复议时效驳回。欧先生将银监会告上法院，请求判决银监会受理其行政复议申请。

欧先生在法庭上说，截至2009年年底，他欠民生银行的滞纳金为6万多元。“我也不知道该怎么办。这样的规定不仅使我的利益受到了损害，还可能使我触犯刑法。”

被告银监会的代理人表示，欧先生2006年办卡时，其签字的办卡申请表上明确写着“根据信用卡章程”的内容，欧先生当时就应该知道章程中的滞纳金规定。行政复议受理期限为60天，欧先生向银监会申请复议时早已超过了60天，所以银监会不予受理于法有据。

但是欧先生却不认可银监会的说法。欧先生说，他办卡时根本不知道民生银行的信用卡章程是银监会核准的，所以复议时效应该从他2010年5月16日知道时计算，银监会应该受理他的申请。

七、信用卡取现手续费各银行是一样吗？哪些银行低一些？

信用卡取现金的手续费有很大差别。工行的标准信用卡无论是否透支取现金均不收手续费，而有些银行则无论持卡人是支取信用卡里的自有资金还是透支取现金，通通要收取1%的手续费，而浦发行的信用卡在ATM机上取现金是最贵的，无论如何都要收3%的手续费。也就是说同样是支取现金5000元，如果用浦发行的信用卡取，手续费就花150元，而工行一分钱不用。但信用卡取现金，如果透支取，各家银行都要收取每天万之分五的利息，这个费用基本是相同的。

各主要银行信用卡取现金手续费比较：

招行：无论信用卡里是否有存款，信用卡取现金手续费每笔1%，最低10元，每天最多取1000元。信用卡透支取现时利息为每天万分之五。

中行信用卡：透支取现时，手续费是1%，最低费用8元至12元。利息为每天万分之五；信用卡本身有存款时，每笔手续费达千分之五，最低5元最高200元。

中信南方基金联名卡：人民币提现仅收取10元人民币/笔的手续费，外币提现仅收取1美元/笔的手续费。

交行：透支取现时，手续费是1%，最低费用10元，利息为每天万分之五，信用卡本身有存款时，每笔手续费达千分之五。

工行：无论是否透支取现金均不收手续费，只收取每天万分之五的利息。

建行：无论信用卡里是否有存款，信用卡取现金手续费每笔千分之五，最低2元最高50元，每天最多取2000元。信用卡透支取现时利息为每天万分之五。

农行：1%，利息万分之五。

广发卡：提取信用卡自有存款无手续费，透支取现 2.5%，最低 10 元，利息万分之五。

浦东发展银行标准普卡：在柜台取信用卡内的已有存款免手续费，但在 ATM 机上取则收取 3%，最低 30 元的手续费。而超额取现金则均收取 3%，最低 30 元的手续费，利息万分之五。

八、银行卡在 ATM 机上取现手续费一般是多少？

自助设备已成为时下最便捷的工具，ATM 机让更多持卡客户不用等待银行排队取现时间，当你着急用钱时，或者是在外地出差时，如果身边没有本行的取款机，随便找一家银行 ATM 机取现，你是否知道需要的跨行手续费是多少？

同城跨行取现一般采取按笔收取，而异地取款多为按取现金额收取，一天跨行取现不超过 2 万元，工行异地取现，不分同城还是异地均收取同样的手续费，每笔 2 元加上 1% 的取款手续费用。民生异地取款不分同行和跨行均收取每笔 5 元的手续费。北京、广发和华夏不分地区，只要是跨行取现均收取同样费用。北京每笔 2 元收取，广发每月前三笔免费，第四笔开始每笔 3 元收取。华夏每月第一笔免费，第二笔开始每笔 2 元收取。

1. 同城跨行采用按比收取

同城跨行取现手续费一般采取按笔收取，多以每笔 2 元收取，但广发是以每笔 3 元收取。有些银行采取优惠措施，兴业和深发展每月不限取款次数均免费，而华夏第一笔取款手续费免费，第二笔开始收取费用。中信前二笔取款手续费免费，第三笔开始收取费用。而广发和民生是前三笔取款手续费免费。第四笔开始收取费用。

2. 异地同行广发、华夏免费

异地同行取现手续费按取款金额比例收取的占多数，也有按笔收取的。广发和华夏取现不限次数均为免费，中行、工行、民生和兴业采用按比收取，中行每笔10元，工行每笔2元加上1%手续费，民生每笔5元，兴业每月前三笔免费，第四笔开始每笔收取2元。其余均采取按取款金额比例收取，农行1%收取，最低1元，最高100元，建行1%收取，最低2元，最高100元。招行0.5%收取，最低5元，无上限。光大0.5%收取，最低3元，最高50元。交行0.6%收取，最低1元，无上限。中信0.5%收取，不分最低限和上线。浦发0.5%收取，最低3元，最高50元。深发展0.5%收取，最低1元，无上限。

3. 异地跨行银行大比拼

异地跨行取现一般采取按照取现金额比例加上每笔2元的手续费计算，也有部分银行采取按比收取加他行手续费，如中行每笔10元加2元手续费。民生5元/笔。兴业2元/笔，前三笔免费。华夏2元/笔，第一笔免费。农行1%加2元收取，建行1%加2元收取，无上限。招行0.5%加2元收取，最低5元，无上限。光大0.5%加2元，最低5元，最高25元。交行0.8%加2元，最低5元，无上限。中信0.5%加2元收取，每月前两笔免收2元的费用。浦发0.5%收取，最低5元，无上限。深发展0.5%加2元，无上限。

如在异地跨行取现1万元，不同银行需要的费用为（均为每月的第一笔取现），广发、华夏、兴业0元，北京2元，民生5元，中行12元，光大25元，中信、浦发50元，招商、深发展52元，交行82元，农行100元，工行、建行102元。

九、银行卡网银转账的费用一般按什么标准？怎么用比较省钱？

1. U盾：兴业银行最便宜只需25元

网银在给它的用户带来诸多便捷服务、给银行节省费用支出和带来更多利润增长点的同时，也承受着很多安全风险。

目前网银采用硬件USBKey或动态口令牌两种方式来进行身份认证。动态口令牌是基本免费的，USBKey则要收取一定工本费用，且差异较大，从25元到70元之间不等。兴业U盾费用25元，交行70元，有些银行在做优惠活动，招行五折优惠后30元，光大六折优惠后42元，几家银行的U盾平均价格在38元左右。中国银行只有动态口令牌，没有USBKey，办理首年免年费，次年每年收费20元。

USBKey是一种USB接口的硬件设备，它内置单片机或智能卡芯片，有一定的存储空间，可以存储用户的私钥以及数字证书，利用其内置的公钥算法实现对用户身份认证。相当于一个电子的密码锁，理论上入侵者没有U盾，都无法读取，安全性比较高。

动态口令牌是在用户登录时除了常规静态口令外，还要再输入的一个每次都会变化的动态口令。其获得方式很多，如刮刮卡式、二维矩阵卡式和电子令牌式，其中电子令牌就是所说的动态口令牌，如 VeriSign 的动态令牌 VIP 服务。刮刮卡和二维矩阵卡都是以纸质卡形式提供，但它们都存在着与生俱来的缺陷，刮刮卡有严格的使用次数限制，一般只能使用30次，而二维矩阵卡虽然可以无限次使用但很容易被复制，同动态口令牌相比刮刮卡和二维矩阵卡式都不具备时效性。

两者比较，各有优点和缺点，但是 USBKey 相对于动态口令牌来说安全性高，但并非绝对安全，也存在被破解的可能，所以建议用户在自己的电脑上使用，并安装杀毒软件，用完网银后及时退出系统，保存好 USBKey 或者动态口令牌。

2. 工商转账最高45元

北京、兴业异地跨行最高200.05元，同城同行各银行无论是柜台还是网银均为免费。

同城跨行、异地跨行转账和异地同行转账收取费用方式有三种，第一种，按笔收取：不分转账金额，按笔数收取。第二种，根据转账金额的百分比收取，有底限和上限。第三种，按转账金额分段收取，不分上限和底限，只要在资金某一区间内，有固定的费用。

工行无论以哪种方式转账，收取的费用都是一样的，全部按照转账金额的0.9%收取，最高45元封顶，贵宾客户还可享受8折优惠。虽然封顶费用较高，但收费方式非常简单标准，容易理解。

有些银行根据客户级别不同，享有不同的优惠，级别高VIP客户网银转账为免费。

农行、农商行、光大和华夏分为普通转账和快速转账，不同方式收费亦不同。

中国银行和北京银行的转账全部按照金额分段收取，跨行转账最低5.5元，中行最高50元。北京银行最高收取200元加0.5元手续费。

兴业银行在同城跨行转账和异地同行转账中都不收取手续费。但是异地跨行转账是按照金额分段收取，最低5.5元，最高200.05元。

建行的跨行转账不分地区，全部按照转账金额的0.5%收取，最高25元。

农行、交行、光大、广发、华夏和浦发银行全部都是以转账金额的一定比例收取，最高不超过50元。

招行、民生和中信银行除了同城跨行转账费用按每笔2元收取外，异地同行转账和异地跨行转账均按照转账金额的一定比例收取，最高不超过50元。经过一些人的亲身测试，民生的到账速度很快，同城跨行转账几个小时即可到账。

针对15家银行分别对同城跨行转账、异地同城转账和异地跨行转账进行对比分析。

3. 同城跨行转账：华夏只需0.6元/笔

同城跨行转账收取的费用主要是以金额分段式收取为主，同时也有按照金额的百分比收取，上限封顶和转账笔数收取。招商银行、民生银行和中信银行，按照2元/笔收取。交行0.2%收取，最高20元。广发0.2%，最高30元。浦发0.2%收取，最高10元。

光大、华夏和农行分为普通转账和快速转账，光大的普通转账，0.5%收取，最高15元，24小时快速转账：5000元以下，2元/笔，5000元~5万元，3元/笔，5万~10万元，5元/笔。

华夏银行两个工作日到达汇款行0.6元/笔，一个工作日到达汇款行1%收取，最高15元，快速到达汇款行，1%收取，最高25元。农行实时到账，0.5%收取，最高35元。支付转账：5000元以下，2元/笔，5000元~1万元，3元/笔，5万~10万元，5元/笔。10万元以上，8元/笔。

以1万元同城跨行转账为例，兴业免费，华夏0.6元，北京和中行5.5元，招行、农商行、民生和中信2元，农行3元，浦发10元，光大15元，交行和广发20元，建行25元，工行45元。

4. 异地同行转账：广发、华夏只需5元

异地同行转账手续费主要是按照转账金额百分比收取。

北京银行和兴业银行均为免费。农行按0.4%收取，最高20元。招行按0.2%收取，最高50元。交行按0.15%收取，最高50元。民生按0.1%收取，最高50元。光大按0.5%收取，最高6元。广发按0.05%收取，最高20元。华夏按0.1%收取，最高5元，目前正在进行五折优惠活动。浦发按0.2%收取，最高30元。中信按0.2%收取，最高10元。

光大银行优惠幅度最大，享有三折优惠。以1万元异地同行转账为例，北京银行兴业银行免费，广发、华夏5元，光大6元，中行5.25元，中信、民生10元，交行15元，招行、浦发、农行20元，建行25元，工行45元。

5. 异地跨行转账：最高不超过50元

异地跨行转账手续费主要是按照转账金额的百分比收取，其次是按照转账金额分段收取。农行0.5%收取，最高35元。招行1%收取，最高50元。交行0.7%收取，最高50元。民生0.1%收取，最高50元。广发0.2%收取，最高30元。浦发0.8%收取，最高40元。中信0.5%，最高25元。光大银行如果是普通转账，0.5%收取，最高15元，24小时快速转账，0.5%收取，最高50元。华夏银行如果一个工作日到达汇款行，1%收取，最高15元，如果是快速到达汇款行，1%收取，最高25元。

以1万元异地跨行汇款为例，北京银行5.5元，工行45元，建行25元，中行5.5元，农行35元，招行50元，交行50元，民生10元，兴业5.5元，光大15元，广发20元，华夏15元，浦发40元，中信25元。

那有没有好的办法实现免费跨行转账呢？巧用网上银行和支付宝就可以实现：

例如，某人的工资卡是工行的，可是他平时却使用建行的龙卡信用卡。为了省下跨行转账费用，每到还款日都要到工行营业厅里取钱然后到建行去存款。由于家里附近没有建行，每次这样来回两家银行之间甚是麻烦。

为了节省金钱和时间，他想了一个办法，就是利用网银和支付宝实现免费转账，再也不用到工行取款然后到建行存款。其做法如下：

首先，开通工行的网银，同时开通电子支付功能，就可以给支付宝账户充值。然后，申请两个支付宝账户，用自己的银行卡通过实名认证，方便提现和申请数字证书。

最后，用支付宝的“我要付款”功能，由A支付宝将中行网银中的钱付给B支付宝，再用B支付宝提现到建行。该网友介绍说，一般一两个工作日钱就免费划入建行账户里了。很多人担心这样是违规操作，但通过咨询支付宝公司人员，得到的答复是这样做不违规。

不过，这样做受几个限制，一是每个支付宝账户每月有1万元的免费额度；二是每天从A支付宝付款到B支付宝的最高额度是2000元，也就是用这种办法一天最多只能免费跨行转账2000元；三是一个人最多只能同时拥有6个支付宝。

十、哪家银行信用卡收费比较低？

信用卡早已成为人们钱夹中“最熟悉的面孔”。人手一卡，甚至是人手几卡都已不少见。信用卡持有越多，花钱的机会和欲望就越大。使用信用卡一不小心可能就被收取高额的年费，还有不知不觉产生的费用。很少有人在办卡初期仔细研究过各个银行的信用卡条款，办理时相对冲动和盲目。甚至有些持卡人在持卡很长一段时间后，还对手中信用卡的“脾气”并不熟悉。为此，我们特将部分银行普通信用卡的主要条款进行对比，以求帮助您选择一款适合自己的信用卡产品。

1. 年费收取方式对比（并不是所有的卡都免首年年费）

银行	年费收取方式（普卡）
光大银行	首年免，一年内刷卡满3次，免次年年费
建设银行	首年免，一年内刷卡满3次，免次年年费
中国银行	首年免，一年内刷卡满5次，免次年年费
兴业银行	首年免，一年内刷卡满5次，免次年年费
农业银行	首年免，一年内刷卡满5次，免次年年费
华夏银行	首年免，一年内刷卡满5次，免次年年费
招商银行	首年免，一年内刷卡满6次，免次年年费
交通银行	首年免，一年内刷卡满6次，免次年年费
东亚银行	首年免，一年内刷卡5笔或2000元，免次年年费
浦发银行	首年免，一年内刷卡满2000元，免次年年费
中信银行	卡片激活后1个月内刷1次，免当年年费，一年内刷卡5次免次年年费

工商银行	一年内刷卡5次，免次年年费
深圳发展	首年免，一年内刷卡18次（含），免次年年费（在普卡里是最高的了，还请持卡人注意）

2. 预借现金手续费

大多数银行都设定了手续费的底限，持卡人应在取现之前多多注意。

银行	境内本行预借现金手续费
工商银行	本地本行无手续费
光大银行	取现金额的1%
农业银行	交易金额的1%，最低1元
建设银行	取现金额的0.5%，最低2元人民币，最高50元
中国银行	交易金额的1%，ATM取现最低人民币8元，柜台取现最低10元
招商银行	预借现金的1%，最低收取人民币10元
交通银行	交易金额的1%，最低每笔人民币10元
华夏银行	按取现金额的3%收取，最低人民币5元
中信银行	预借现金的3%收取，最低收费为人民币30元
浦发银行	取现金额的3%，不低于30元或3美元
兴业银行	金额的3%，最低人民币30元/笔
东亚银行	取现金额的3% +20元，境内及境外最低人民币30元/笔

400元以下，光大最省，400以上，建行最省。

3. 失卡保障

所谓失卡保障，指持卡人在失卡后，只要及时向银行挂失并履行相关手续，在一定范围和时间内，无须承担卡片被盗用之后的损失。尽管目前失卡保障并没有在全部银行推行，但这项服务将是未来的发展趋势。

银行	失卡保障
华夏银行	72 小时失卡保障
东亚银行	72 小时失卡保障
交通银行	挂失前 48 小时保障
光大银行	挂失前 48 小时保障
招商银行	挂失前 48 小时保障
中国银行	无
工商银行	无
农业银行	无
建设银行	无
兴业银行	无
中信银行	无
浦发银行	无

工农中建无一入选，持有此卡的朋友一定妥善保管，否则，你会欲哭无泪。

4. 免息还款期

信用卡的透支期限主要分为最短 20 天，最长 50 天和最短 25 天，最长 56 天两种。

部分银行也有例外。据某银行信用卡部负责人介绍，以25天至56天的免息还款期为例，假设持卡人的账单日是每月1日，还款日是25日，那么他在5月1日刷卡后，其账单在6月1日自动形成，6月25日还款时，他就享受了56天的免息还款期。如果他在5月31日刷卡消费的话，该账单仍是6月1日形成，那么他就享受了25天的免息还款期。

银行	免息还款期（单位：天）
东亚银行	26～56
农业银行	25～56
交通银行	25～56
工商银行	25～56
华夏银行	25～55
中国银行	20～50
建设银行	20～50
光大银行	20～50
招商银行	20～50
兴业银行	20～50
浦发银行	20～50
中信银行	20～50

5. 短信通知费用（并非所有的银行都提供刷卡获得短信通知免费的服务）

银行	短信通知费用
中国银行	免费
工商银行	余额变动提醒不收费

农业银行　免费

建设银行　免费

招商银行　免费

光大银行　免费

中信银行　免费

浦发银行　免费

东亚银行　免费

华夏银行　人民币 1.5 元/月

兴业银行　3 元/月

交通银行　12 元/季度（交通的最贵，这是持卡人值得注意的，不开通不方便，开通了每个月都心疼！）

6. 挂失手续费

与其他条款相比，现阶段，各银行信用卡的挂失手续费差距仍然较大，从 20 元到 80 元不等。

银行	挂失手续费
工商银行	20 元/卡
中国银行	40 元/卡
农业银行	50 元/卡
建设银行	50 元/卡
交通银行	50 元/卡
光大银行	50 元/卡
兴业银行	50 元/卡
中信银行	60 元/卡
浦发银行	60 元/次

华夏银行　60 元/卡

招商银行　60 元/卡

东亚银行　80 元/卡

7. 滞纳金

据了解，各个银行的滞纳金普遍为按最低还款额未还部分百分之五收取，但由于银行不同，所设的最低额度也不尽相同。

银行	滞纳金
农业银行	按最低还款额未还部分的 5% 收取
光大银行	按最低还款额未还部分的 5% 收取
工商银行	按最低还款额未还部分的 5% 收取，最低人民币 1 元，最高 500 元
建设银行	按最低还款额未还部分的 5% 收取，最低 5 元人民币
招商银行	按最低还款额未还部分的 5% 收取，最低人民币 10 元或 1 美元
交通银行	按最低还款额未还部分的 5% 收取，最低人民币 10 元或 1 美元
中国银行	按最低还款额未还部分的 5% 收取，最低人民币 10 元或 1 美元
华夏银行	按最低还款额未还部分的 5% 收取，最低人民币 10 元或 2 美元，最高人民币 2000 元或 250 美元
东亚银行	按最低还款额未还部分的 5% 收取，最低

	人民币20元
兴业银行	滞纳金额的5%，最低人民币20元或3美元
中信银行	按最低还款额未还部分的5%收取，最低收费为人民币30元或美元3元或港币30元
浦发银行	逾期还款额的5%

第七章　我国银行卡介绍

一、四大商业银行发行的银行卡都有哪些?

1. 中国工商银行的牡丹卡系列

1987 年 10 月，中国工商银行广州分行正式发行了全行第一张地区性信用卡，1989 年 1 月，工商银行决定全行统一发行信用卡。1989 年 10 月 15 日，中国工商银行在北京、天津、上海和广州正式发行牡丹信用卡。截至 2007 年底，中国工商银行的发卡量已经达到 2.1 亿张，其中信用卡发卡量突破了 2300 万张。

目前，中国工商银行发行的银行卡主要分为借记卡、信用卡（贷记卡和准贷记卡）、联名卡和主题卡等四大类。

借记卡主要有理财金账户卡、牡丹灵通卡、牡丹国际借记卡、牡丹灵通卡 · e 时代。

信用卡主要有准贷记卡牡丹信用卡、贷记卡牡丹白金卡、牡丹国际信用卡、牡丹运通卡、牡丹运通商务卡、牡丹贷记卡等。

联名卡（认同卡）比较多，还可以细分全国性的联名卡和区域性的联名卡。全国性的联名卡主要有牡丹中油国际信用卡、牡丹上航国际信用卡、牡丹海航国际信用卡、牡丹国美信用卡、牡丹史泰博运通商务卡、牡丹金山信用卡；区域性的联名卡有北京的牡丹交通卡，山西的牡丹太重卡、牡丹丰喜卡、牡丹国阳卡、牡丹中北卡，内蒙古的牡丹晨报卡，吉林的牡丹亚泰卡、牡丹卓展卡、牡丹长百卡、牡丹新天地卡，黑龙江的牡丹金色莱茵卡、牡丹人寿卡，上海的牡丹麦德龙贷记卡、牡丹易买得贷记卡，江苏的牡丹沙钢卡、牡丹南大卡、牡丹南艺卡、牡丹武警卡、牡丹中医大卡、牡丹科技学院卡，浙江的牡丹开元卡、牡丹娃哈哈卡、牡丹丹璐卡、牡丹银泰卡，安徽的牡丹国元卡，福建的牡丹新华都卡，山东的牡丹风筝卡、牡丹晨鸣卡、牡丹张裕卡、牡丹烟港卡、牡丹潍动卡、牡丹冠世榴园卡、牡丹城中国菏泽城市联名卡、牡丹孟子卡、牡丹恚愿卡、牡丹江北水城卡、牡丹淄矿卡，河南的牡丹安阳公积金卡、牡丹光彩卡、牡丹健身卡、牡丹神火卡，湖南的牡丹湖南公务员卡，广东的牡丹广物汽贸卡、牡丹东莞台商卡、牡丹珠海市银政公务卡、牡丹顺德总商会卡、牡丹广百卡、牡丹中信卡、牡丹寻味美食卡，海南的牡丹天涯卫士卡、牡丹生生卡，陕西的牡丹公积金卡，宁夏的牡丹宝塔石化卡、牡丹新华百货卡、牡丹神华宁煤卡、牡丹新华保险卡，新疆的牡丹国家电网卡，大连的大连港牡丹卡，宁波的牡丹金田卡、牡丹富邦卡、牡丹宁钢卡、牡丹罗蒙卡、牡丹奇美卡、牡丹永信卡，深圳的牡丹高尔夫畅打卡、牡丹寻味美食卡、牡丹国康保健卡、牡丹岁宝卡、牡丹太平人生卡、牡丹花样年卡、牡丹居易卡、牡丹新一佳卡和厦门的牡丹通吃卡、牡丹图书香卡等。

2. 中国农业银行的金穗卡系列

1991 年中国农业银行发行首张金穗卡，截至 2007 年底，中国农业银行发卡量已经突破 3 亿张。

目前，中国农业银行发行的银行卡分三大类，借记卡、信用卡（准贷记卡）和贷记卡。

借记卡主要有金穗通宝卡（分钻石卡、白金卡、金卡、银卡）、金穗校园卡、金穗中国青年卡、金穗星座卡、金穗海通卡（普卡、金卡）、金穗中国旅游卡、金穗中国志愿者卡和金穗社保卡。

信用卡（准贷记卡）有金穗信用卡。贷记卡主要有金穗国际旅游卡、生活乐卡、金穗－银联香港旗游卡、金穗双币种贷记卡、银联标准贷记卡、优卡、金穗公务卡、广电美食卡、金穗外高桥造船厂联名卡、温州商人卡、浙江都市网联名卡、金穗东星联名卡和金穗棕榈滩高尔夫联名卡。

3. 中国银行的长城卡系列

1985 年 3 月，中国银行珠海分行发行了中国大陆的第一张信用卡——中银卡（BOC 卡）问世；1986 年 6 月，中国银行北京分行发行了长城信用卡。经中国银行总行命名，长城信用卡作为中国银行系统统一的信用卡名称，在全国各地的中国银行分支机构全面推广。

中国银行发行的银行卡分两大系列，信用卡和借记卡。

信用卡主要有中银信用卡、中银都市卡、中银 JCB 卡、中银 VISA 奥运信用卡、中银国航知音 VISA 奥运卡、中银携程信用卡、中银安利信用卡、长城信用卡、公务信用卡和中银长城国际卡。

借记卡主要有长城电子借记卡、长城国际借记卡、长城 ChinaRen 卡和长城生肖卡。

4. 中国建设银行的龙卡系列

龙卡是中国建设银行发行各类银行卡的统称，1990 年中国建设银行发行了第一张龙卡，截至 2007 年 6 月 30 日，中国建设银行发行银行卡 2.11 亿张，其中信用卡发卡量为 1260 万张。

目前，中国建设银行发行的银行卡主要分三类，龙卡信用卡、龙卡准贷记卡和龙卡借记卡。

龙卡信用卡主要有龙卡（双币种）信用卡、龙卡名校卡、龙卡商务卡、龙卡汽车卡、东航龙卡、龙卡大学生卡、上海大众龙卡、龙卡香港精彩旅游信用卡、龙卡（大师杯）网球卡、逢行 VISA 明卡、艺龙畅行龙卡和芒果旅行龙卡。龙卡准贷记卡有普通信用卡和金卡。龙卡借记卡主要有乐当家理财卡和龙卡储蓄卡。

二、全国性股份制商业银行发行的银行卡有哪些？

1. 交通银行的太平洋卡系列

交通银行所发行的银行卡统称为太平洋卡。交通银行作为全国第一家股份制商业银行，于1993年首发太平洋信用卡，业已形成了贷记卡、准贷记卡、借记卡三大业务品种及国际卡、人民币卡两大产品系列，并发行了近百种太平洋系列联名、认同、专用卡。截至2007年底，交通银行累计发行的信用卡已经超过500万张。

目前，交通银行的太平洋贷记卡主要有太平洋信用卡、Y-POWER信用卡、刘翔VISA信用卡、公务卡。联名信用卡主要有香港新世界百货信用卡、沃尔玛信用卡、苏宁电器信用卡、一兆韦德卡、航空秘书卡和卜蜂莲花信用卡。

太平洋准贷记卡分金卡和普通卡。

太平洋借记卡主要有太平洋国际借记卡和太平洋借记卡。联名卡主要有太平洋CBA联名卡和太平洋公交一卡通联名卡（限上海地区发行）；认同卡有太平洋中国青年卡。

主题卡主要有太平洋婚庆卡、太平洋社区金融卡、太平洋学子卡、太平洋公务员卡和太平洋车主卡。

2. 中信银行的中信卡系列

中信理财宝是中信银行1999年面向社会发行的，融存取款、转账、消费、投资理财于一体的多功能借记卡，并且已经在国家工商行政管理局商标局注册为商标，核定的服务项目范围包括银行卡发放、银行卡服务、金融服务等方面，注册有效期自2001年12月21日开始。

中信实业银行发行的银行卡主要分为借记卡（理财宝）和信用卡（贷记卡、准贷记卡）两类。

借记卡主要有中信理财宝普通卡、中信理财宝金卡和中信理财宝白金卡。

信用卡主要有中信银联卡、中信VISA Card双币卡、中信Master Card双币卡、中信美国运通双币卡。

联名卡主要有国航知音中信信用卡、中信南方基金联名卡、中信可口可乐联名信用卡、中信麦考林联名卡、中信天女信用卡、中信精彩香港旅游卡、新概念联名卡、高尔夫联名卡、中信网通联名信用卡、V卡联名信用卡、新大新联名信用卡、燕莎联名信用卡、贵和联名信用卡、中信青竹湖高尔夫名卡、中信神龙鸿泰汽车名卡、中信万新旅游俱乐部名卡、中信G1汽车俱乐部名卡、中信福建省青联十届委员名卡、中信天阳名卡、中信万帮汽车名卡、中信新通周际名卡、中信金蝶明珠信用卡、中信正道汽车名卡、中信中汽贸汽车名卡、重庆涪陵青年卡、中信CC汽车信用卡、中信联合大众汽车侉月卡、中信京城俱乐部信用卡、中信朗阁信用卡、中信交广986汽车信用卡、中信交广汽车信用卡、中信清风车影汽车信用卡、中信港怡速登机信用卡等。

还有公务卡、女士卡、世界杯卡、I卡（大学生卡）等。

3. 中国光大银行的阳光卡系列

目前，中国光大银行发行的银行卡分两大类，信用卡（贷记卡）和借记卡。

中国光大银行的信用卡主要有阳光信用卡、“福”信用卡、炎黄信用卡、商旅信用卡、世界杯纪念卡、银联高尔夫信用卡、如意三宝卡、爱心信用卡、爱婴信用卡、光大-时尚联名卡。此外，还有一些区域性的信用卡，如上海的万兴汽车信用卡、银联大师杯网球卡，深圳的太阳百货联名信用卡、安居联名信用卡，福州的都购信用卡等。

中国光大银行的借记卡主要有中国光大银行阳光卡、“阳光·行车卡”、阳光商务理财卡。

4. 华夏银行的华夏卡系列

2007 年 6 月 18 日华夏银行正式发行华夏信用卡，华夏银行是全国性股份制商业银行中最晚开展银行卡业务的。华夏银行发行的银行卡主要分为借记卡和信用卡。

华夏银行发行的信用卡主要有华夏钛金信用卡、缤纷图片信用卡、华夏 RTA 中国自驾游信用卡（RTA 万事达卡、RTA 银联卡）、华夏万事达双币种卡、华夏银联人民币卡。

华夏银行发行的借记卡主要有华夏卡、华夏至尊金卡、华夏丽人卡、华夏万通卡、华夏自助卡、华夏外汇卡等。

华夏联名卡主要有华夏丽人时尚健康联名卡、华夏如意丽人联名卡、华夏盛世阳光卡、华夏辰野联名卡、华夏读友卡、华夏读者卡、华夏城市卡、华夏社区认同卡、华夏美特好联名卡等。

5. 广东发展银行的广发卡系列

1994 年 11 月发行了广发自动提款卡（广发 ATM 卡）。1995 年 3 月发行了国内首张真正的信用卡即广发人民币 VISA 信用卡及转账卡，并同时发行国内首张广发美元 VISA 信用卡及转账卡。截至 2007 年 8 月广发银行信用卡发卡突破 500 万张。

广东发展银行的贷记卡主要有广发双币卡、南航明珠卡、广发车主卡、广发真情卡和爱狗卡等。

广东发展银行的借记卡主要有广发新理财通卡。

6. 深圳发展银行的发展卡系列

2002 年 8 月 26 日深圳发展银行发行了第一张发展信用卡。目前的银行卡主要分为两类，借记卡和信用卡。信用卡主要有发展信用卡（人民币卡）、发展国际卡、按揭信用卡、上海青年卡、沃尔玛畅享卡、欧尚红雀卡、香港旅游卡、中心城 MORE 卡和当当卡等。

借记卡主要有聚财卡、发展校园卡、发展联名卡和发展借记卡等。2007 年 7 月 25 日深圳发展银行发行的聚财卡值得关注。聚财卡是借记卡，除了具有存取款、POS 消费等银行卡的一般功能之外，还特别新增了消费延付等多项创新功能。什么是消费延付呢？聚财卡不是信用卡，但同样享受最长 50 天的刷卡免息延时支付，比如，客户在某商场刷卡消费了 15000 元，这 15000 元仍暂时留存在他的账户中享受免息还款期（最长50天），免息还款期内，该笔资金虽然处于止付状态不能被动用，但仍可获得相应的存款利息；聚财卡还整合了目前银行所有的理财功能和服务，客户持有这张卡，即可在银行办理基金、保险、股票、黄金以及本外币结构型、基金专户型、存款型等各类理财产品的买卖，不必为多头账户管理而烦恼；聚财、卡还将根据“聚财卡”不同级别的持卡人在健康医疗、投资理财、商旅和子女教育等方面的需求，邀请专业人士提供讲座、咨询等服务；持卡人就医，由导医导诊人员代办划价、取药等繁杂手续；还提供专业咨询服务，给客户带来全新的理财体验。

7. 招商银行的一卡通卡系列

1995年7月推出银行卡“一卡通”，2002年12月，招商银行在国内率先推出一卡双币国际标准信用卡，截至2007年11月，招商银行信用卡总发卡量已经突破2000万张。

招商银行的银行卡分为两大类，信用卡和借记卡。招商银行的信用卡分为若干系列：招行标准信用卡系列（招商银行白金信用卡、VISA信用卡、MasterCard信用卡）；趣味主题系列（VISAMINI信用卡、Young卡、三星信用卡、HelloKitty粉丝双币卡、HelloKitty粉丝信用卡、MSN珍藏版迷你信用卡、NBA双币信用卡、Tom&Jerry粉丝信用卡、VISA奥运信用卡、VISA奥运信用卡（新）、百事系列纪念信用卡、哆啦A梦粉丝信用卡、久游网联名信用卡)；时尚女性系列（HelloKitty 粉丝双币卡、HelloKitty 粉丝信用卡、MSN 珍藏版迷你信用卡、VISAMINI 信用卡、VOGUE 钛金信用卡、千色店联名信用卡、瑞丽联名信用卡)；城市区域系列（北京的新影联联名信用卡、北京京彩卡、SOHO 联名信用卡，成都的耍卡，重庆的重庆市直辖十周年珍藏版纪念卡、我爱重庆金卡，大连的新玛特联名信用卡，哈尔滨的远大联名信用卡，合肥的商之都联名信用卡、合肥百大集团联名信用卡，济南的银座联名信用卡，兰州的国芳百货联名信用卡，南京的南京博爱之都卡、南京大洋百货联名信用卡、东方商城联名信用卡，上海的富客斯联名信用卡、置地广场联名信用卡、正大百货粉红豹信用卡，武汉的武汉广场联名卡，西安的西安交通大学联名信用卡、我的 e 家联名信用卡、世纪金花联名信用卡，浙江的浙江诚商卡，长沙的平和堂联名卡，福州的福州大洋百货联名信用卡，广州的正佳广场联名信用卡，昆明的温莎联名信用卡，南昌的南昌城市主题卡，青岛的青岛帆船之都卡、青岛巴黎春天联名信用卡，深圳的天虹商场联名信用卡，天津的哏儿卡，温州的时代广场购物中心联名卡，乌鲁木齐的亚可西卡，无锡的保利广场联名信用卡，厦门的爱阮厦门卡，扬州的万家福商城联名信用卡，郑州的中卡)；酒店/航空系列（国航知音信用卡、厦航白鹭联名信用卡、ANACARD 全 H 空信用卡、海航联名信用卡、南航明珠信用卡)；爱车一族系列（UAA 汽车联名信用卡、至尊租车联名信用卡、CarCard 汽车信用卡、深业汽车联名信用卡)；百货购物系列（百脑汇联名信用卡、美罗商城联名信用卡、大连安盛购物广场联名卡、海信广场联名信用卡、多样屋联名信用卡、HOLA 特力屋联名信用卡、贝塔斯曼书友信用卡、瑞丽联名信用卡、百盛购物信用)；大学生系列（Young 卡)；商务卡系列（精英公务信用卡、公务信用卡、采购卡)；高校校友系列（西安交通大学联名信用卡)。招商银行的借记卡主要有一卡通卡、一卡通金卡、银联标准一卡通金卡、金葵花理财卡。此外，还有联名借记卡："一卡通"交通安全服务卡、招商银行杭州分行银泰联名卡、招银天府"一网通"、招银新浪"一网通"、"招银贝塔斯曼一卡通"、"招行来雅一卡通"、"招银复地一卡通"、"招商·百灵·都市一卡通"、招商银行-洪客隆百货联名一卡通等。

8. 浦东发展银行的东方卡系列浦东发展银行

截至 2007 年底，浦发银行累计发行银行卡已经达到 1689 万张，卡均存款 3652 元，POS 消费金额超过 223 亿元。

浦发银行发行的银行卡分为两类，信用卡和借记卡即东方卡。

借记卡主要有东方借记卡和轻松理财金卡。信用卡主要有 WOW 奥运卡、上航·浦发联名信用卡、日航·浦发联名信用卡、优悦会·浦发联名信用卡、白金卡、金卡和普通卡。

9. 兴业银行的兴业卡系列

截至2007年12月，兴业银行累计发行信用卡已达到300万张。

兴业银行发行的银行卡分为两种，信用卡和借记卡（兴业卡）。

兴业银行发行的信用卡主要有银联公务卡、双币卡（标准双币威士信用卡金卡、标准双币万事达信用卡金卡、标准公务信用卡金卡、个人公务信用卡金卡）；联名卡（西安的民生百货联名信用卡、上海的大宁国际联名信用卡、福州、泉州、武汉、无锡的大洋百货联名信用卡、天津的天津友谊联名信用卡、厦门的天虹百货联名信用卡、武汉的武汉庄胜崇光百货信用卡）；加菲猫信用卡等。

兴业银行发行的借记卡主要有兴业借记卡，兴业智能卡（芯片卡），兴业e卡和兴业联名卡（深圳的兴业校园卡、兴业海雅百货联名卡、兴业人人购物广场联名卡、兴业铜锣湾百货联名卡、兴业新一佳联名卡、兴业全家乐联名卡、兴业中安联名卡，福州的兴业医保联名卡、兴业慈善卡，长沙的兴业湘图卡，厦门的兴业厦航物业联名卡，北京的兴业商务保险卡、兴业西单商场联名卡，上海的兴业校园卡、兴业电机高专联名卡、兴业盛世联名卡，重庆的兴业康乃馨卡、兴业华联康乃馨卡，南京的兴业爱心卡、兴业山田健康联名卡、兴业乐f客多联卡。

名卡、兴业联通联名卡，广州的兴业世奥书城联名卡、兴业鸿亚联名卡，杭州的兴业家友联名卡、兴业华润超市联名卡，武汉的兴业中百联名卡、兴业致嘉联名卡，天津的天津商联卡，宁波的兴业志愿者卡，泉州的兴业泰康联名卡，三明的兴业永安联名卡、兴业燕城校园卡，济南的兴业旅游联名卡、兴业苏宁电器联名卡等。

兴业 e 卡是兴业银行最新推出的网上银行概念卡，一般没有实物卡，仅可以在网上使用，进行汇款、缴费、网上支付等操作，但是也可以申请实物卡和其他的借记卡一样使用。

10. 中国民生银行的民生卡系列

中国民生银行 2005 年 7 月开始发行信用卡，截至 2007 年 11 月 16 日，民生信用卡发卡一举突破了 300 万张。

中国民生银行发行的银行卡分为两类，信用卡和借记卡。

中国民生银行发行的信用卡分为七大系列：白钻系列（民生钻石信用卡、民生白金信用卡）；民生公务金卡系列；标准卡系列（金卡、普通卡）；特色主题卡系列（民生女人花信用卡、民生女人花－欧珀莱联名信用卡、Visa 奥运卡、民生哈姆乐园信用卡、民生－首汽联名信用卡、民生 id 信用卡、民生万事达卡 2006 FIFA 世界杯卡、民生易两通旅行信用卡）；百货系列（民生－太平洋·远东百货联名卡、民生－银泰联名卡、中百联名卡）；航空系列（民生－川航·金熊猫联名卡）；俱乐部系列（民生－美兰湖联名金卡、民生长安白金联名信用卡、民生－交广联名卡）。

2007年9月28日，中国民生银行推出的民生女人花异型信用卡是一张真正适合中国女性、真正吸引中国女性的主题信用卡。牡丹花的卡面，好似女人端丽妩媚，国色天香，雍容华贵，富贵吉祥。

中国民生银行发行的借记卡主要有民生银联借记卡（小鬼当家卡、银证理财卡），民生国际借圮卡（美元卡、欧元卡、澳元卡），民生银联贵宾卡，民生国际贵宾卡，民生银证理财卡等。

11. 中国邮政储蓄银行的邮政绿卡系列

2007年12月中国邮政储蓄银行与淘宝网、支付宝携手推出了“绿卡淘宝联名卡”又称“淘宝绿卡”，这是中国邮政储蓄银行成立以后，第一张以全新LOGO面市的全国联名卡，同时它也是淘宝网首张主题性联名卡，作为一种集多种功能于一身的电子理财卡，它除可办理存款、取款、查询、转账、POS消费等普通绿卡基本业务外，还具有“支付宝卡通”功能。

中国邮政储蓄银行成立以前，曾经以国家邮政局的名义发行过绿卡（借记卡），现在还在发行使用中。

三、其他银行发行的银行卡有哪些？

目前，各地方商业银行已经陆续开办了银行卡业务，如恒丰银行发行的九州借记卡，渤海银行发行的四种借记卡，浙商银行发行的三种借记卡，北京银行的京卡，上海银行的申卡，深圳平安银行的平安卡和吉祥卡，广州商业银行发行了羊城借记卡，大连商业银行发行了北方明珠借记卡，重庆市商业银行发行了长江财源金卡，南充市商业银行发行了南充市团团理财卡，乌鲁木齐市商业银行发行了雪莲储蓄卡，深圳市商业银行发行了万事达赛格车圣卡，沈阳市商业银行发行了玫瑰卡等。

截至2007年9月末，全国已有24个省的农村信用社开办了银行卡业务，发卡量达6457万张，占全国银行业金融机构的5%。2007年12月25日经中国银监会批准，浙江省农村信用社向社会正式推出了全国首个农村信用社省联社的贷记卡品牌——丰收卡。